Helga Rosemann

Pfälzer Küchenschätze

Grumbeer, Latwerg und Franzosesupp

Wartberg Verlag

Bildnachweis:
Die Bilder stammen von Helga Rosemann und Philipp Rosemann mit Ausnahme der Seiten 46 Peter Glaser (Schützenhaus Oberottersbach), 11 (PIXSELL), 34 (prisma), 45 (Wilfried Gredler-Oxenbauer/Picturedesk.com), 50 (Arco Images), 73 (dpa Themendienst), 84 (OKAPIA KG, Germany) von der dpa Picture-Alliance GmbH; 68 (emmi), 72 (Terbor) von Fotolia.

Textnachweis:
Die Geschichte zum Freckenfelder Dampfnudeltor basiert auf der „Freckenfelder Geschichte" auf der Internetseite der Verbandsgemeinde Kandel.

2. Auflage 2022

Gestaltung und Satz: www.ravenstein2.de
Druck: Druck- und Verlagshaus Thiele & Schwarz GmbH, Kassel
Buchbinderische Verarbeitung: Buchbinderei S. R. Büge, Celle

34281 Gudensberg-Gleichen · Im Wiesental 1
Telefon: 056 03/9 30 50 · www.wartberg-verlag.de

ISBN 978-3-8313-2477-4

Helga Rosemann

Pfälzer Küchenschätze

Grumbeer, Latwerg und Franzosesupp

Wartberg Verlag

Inhaltsverzeichnis

Vorwort

Ein bisschen vorweg

Genauso wie Sprache und Architektur gehört die Kochkunst zu den Bereichen, in denen sich das Besondere einer jeden menschlichen Gemeinschaft zeigt. Der Hamburger mit Pommes Frites kennzeichnet die amerikanische Fast-Food-Kultur genauso wie Kidney Pie nur in England denkbar ist. Und in Island ... ja, da dominiert natürlich der Fisch, begleitet von den Gemüsesorten, die auf dieser urtümlichen, kalten Insel im Gewächshaus gezogen werden können.

Island ist ein gutes Beispiel dafür, wie lokaltypische Speisen in erster Linie mit dem zusammenhängen, was der Boden (und das Wasser) jeweils an Essbarem hergeben. Dazu kommen die Traditionen und Gewohnheiten der Menschen, die diese Zutaten zubereiten und verzehren.

Und die Pfalz? Was essen die Pfälzer und wie? Insoweit auch die Pfalz Teil der globalen Gesellschaft und (vor allem) Wirtschaft geworden ist, könnte man sagen: die Pfälzer essen Hamburger bei McDonald's! Sie kaufen Fertiggerichte, die sie in die Mikrowelle stellen. Das ist aber glücklicherweise nicht die ganze Wahrheit. Gerade in der Pfalz haben sich die Traditionen der lokalen Küche noch recht gut behauptet. Der echte Pfälzer zieht Saumagen mit Leberknödeln, Bratwurst und Sauerkraut, begleitet von einem Glas Pfälzer Wein vom örtlichen Winzer, einem Hamburger jederzeit vor.

Da die Pfälzer Landwirtschaft mit sehr guten klimatischen und geografischen Bedingungen gesegnet ist, ist das Angebot an Pfälzer Produkten reichhaltig. Es unterscheidet sich auch von Region zu Region. Während in der Vorderpfalz hauptsächlich Wein, Obst und Gemüse erzeugt werden, findet man in der West- und Nordpfalz Viehhaltung und Getreideanbau. Die Landkreise Bad Dürkheim und Südliche Weinstraße sind als Weinbaugebiete bekannt. Hier trifft man aber auch auf verstreut liegende Obstwiesen, 1000 Hektar sind es immerhin. Zahlreiche in der Pfalz ansässige Brennereien verarbeiten Teile dieser Obsternte zu Obstbränden. Übrigens wird auch aus Grumbeere – also Kartoffeln – Schnaps gebrannt. Zu erwähnen sind auch die Pfälzer Brauereien! Einige Großbrauereien sowie eine Reihe kleinerer Hausbrauereien sind in der Pfalz ansässig. Denn neben dem Wein trinken die Pfälzer auch gerne mal ein kühles Blondes – Bier ist nun einmal der beste Durstlöscher. Die Kunst des Bierbrauens hat in der Pfalz durchaus Tradition, wenn auch ohne Zweifel der Wein das typischere Pfälzer Getränk ist. Die älteste Brauerei in der Pfalz ist die Privatbrauerei Mayer in Ludwigshafen-Oggersheim, die 1846 gegründet wurde.

Einige der Pfälzer Leib- und Magengerichte sind sehr bekannt, wie etwa der durch Altbundeskanzler Dr. Helmut Kohl berühmt gewordene Saumagen, den er mit François Mitterand verzehrte, als der französische Präsident den Kanzler in der Heimat besuchte. Es gibt kein echtes Pfälzer Restaurant, wo man diese Spezialität nicht auf der Karte findet, keinen Metzger, wo sie nicht ausliegt.

Die in der Zubereitung recht aufwendigen Dampfnudeln stellen einen weiteren Grundpfeiler der pfälzischen Küche dar, genauso wie Grumbeersupp mit Quetschekuche (Kartoffelsuppe mit Zwetschenkuchen). Und Flammkuchen natürlich ebenfalls!

An diesen wenigen Beispielen erkennt man bereits, dass die traditionelle Pfälzer Küche recht deftig ist. Hinzu kommt aufgrund der Nähe zum Elsass französischer Einfluss. Oft wird mit Wein gekocht. Viele traditionelle Gerichte sind sehr einfach und preiswert – wie etwa Drecksche Grumbeere –, denn die Pfalz war ja lange nicht gerade von Reichtum gesegnet.

Aber lassen wir die graue Theorie hinter uns. Die folgenden Seiten stellen die Pfälzer Küche in ihrer ganzen Breite vor. Ich wünsche beim Schmökern viel Spaß, beim Kochen viel Erfolg und natürlich vor allem: guten Appetit!

Ihre

Helga Rosemann

Die Pfälzer und ihr „Pälzisch“

Änner kippe: zum Trinken sind Sie eingeladen, wenn diese Aufforderung an Sie gestellt wird.

Äbbelbumpes: Hier spricht der Pfälzer von Apfelwein, der gelegentlich auch Äbbelbuff genannt wird. Der verdauungsfördernden Eigenschaft wegen heißt es auch: „Äbbelbuff, mach de Hosse uf.“

Bettsäscher: eine eher eigenwillige Bezeichnung für Löwenzahn, die vom französischen piss-en-lit abgeleitet ist. Bettsäscher heißt auf gut deutsch nichts anderes als Bettpisser, weil Löwenzahn stark harntreibend ist.

Broodpann: meint Bratpfanne.

Brunshäwwel-Salat ist Lattich-Salat. Er ist der Freilandsalat, der als erster im Jahr gepflückt werden kann. Ja und das Brunshäwwel? So nennen die Schifferstädter ihren Nachttopf. Dieser wurde früher des Morgens einfach geleert, indem man den Inhalt aus dem Fenster kippte. An dieser geschützten Stelle der Hauswand wuchs der ausgesäte Lattich heran, der dieserart sowohl von der Hauswand als auch vom düngenden Nass profitierte.

Druwedrigger: Wörtlich übersetzt ist dies ein „Traubendrücker“. Das Wort bezeichnet den Frühnebel, der im Herbst frühmorgens aufsteigt und sich, zumeist in den Niederungen, über die Weinstöcke legt.

Fassenachtskischelscher nennen die Pfälzer die andernorts als Berliner bekannten in Fett gebackenen Ballen.

Gelleriebestambes ist Kartoffel-Karottenpüree und gehört zu den beliebten Kartoffelgerichten der Pfälzer. „Gellerieb“ sind gelbe Rüben oder Möhren und „Stambes“ meint Gestampftes. Stambes mögen die Pfälzer auch aus Bohnen und Kartoffeln un annerm Gemies.

Gequellte: Pellkartoffeln.

Grieweworscht: Blutwurst oder Griebenwurst.

Grumbeere sind Grund-Beeren, also Kartoffeln. (Die Franzosen nennen sie ja auch pommes de terre und die Holländer aardappel.) In der Pfalz lässt man gerne das End-N weg – sagt also nicht „Grumbeeren“, sondern „Grumbeere“, nicht „Zwiwwelen“, sondern „Zwiwwle“, nicht „uffbassen“, sondern „uffbasse“ und so weiter. Auch innerhalb eines Wortes findet man häufig das verschluckte N. In der Fleischtheke liegen also nicht „Putenschenkel“, sondern eben gut pfälzisch „Puteschenkel“.

Backesgrumbeere: ist ein Kartoffelauflauf. Ein ähnliches Gericht wie die hiesigen Backesgrumbeere kennen unsere Nachbarn im Elsass. Der „Baeckoeffe“ genannte Auflauf hat allerdings andere Zutaten.

Grumbeerbolles: hier ist von Kartoffelschnaps die Rede. Warum, ist nicht ganz klar, aber eine „Bolle“ ist eine große Schöpfkelle (aus der man den Schnaps trank). Außerdem konnte Grumbeerbolles einen in den „Bolles“ befördern – ins Gefängnis nämlich (vom französischen „police“).

Grumbeerkischelschja oder Grumbeerpannkuuche: Reibepfannkuchen, die die Pfälzer am liebsten mit Apfelkompott mögen. Obwohl die moderne Form der Reibepfannkuchen mit geräuchertem Lachs auch bei so manchem Pfälzer Wohlgefallen findet.

Hawwedampnudel: setzt sich zusammen aus Hawwe („Hafen“, früher eine gebräuchliche Bezeichnung für einen Topf) und Dampfnudeln, die in Bayern und in der Pfalz ein sehr beliebter Hefekloß sind. Hier finden sie Rezepte zu Dampfnudeln und auch ein wenig zur Geschichte dieser pfälzisch-bayerischen Spezialität.

Karfiol: ein in der Pfalz gebräuchlicher Ausdruck für Blumenkohl, der aus dem Italienischen stammt (cavolfiore heißt „Kohlblume“).

Keeschde: Esskastanien. Durch das begünstigte Klima, das die Pfalz ihnen bieten kann, wachsen Keeschde oder auch Käschde sowohl am Rande des Pfälzerwaldes als auch an der Südlichen Weinstraße. Die Römer brachten das mediterrane Gehölz in die Pfalz. Und nicht nur die Keeschde brachten sie her, sondern ebenfalls den Wein. So ist es nicht verwunderlich, dass die Pfälzer beides kombinieren. Und dies nicht nur im Kochtopf, nein, sie sammeln die Früchte, entkernen und garen sie und machen daraus eine beliebte Knabberei, Keeschde un Woi!

Kerscheplotzer: ein süßer Kirsch-Auflauf, für den fast jede Pfälzerin ein eigenes Rezept hat. „Kersche“ sind Kirschen und „plotzen“ meint „mit dumpfem Geräusch hart auffallen“.

Knopp: Ein Knopp (Plural „Knepp“) ist ein Kloß. Würde man wörtlich übersetzen, hätte man es mit einem Knopf zu tun. Und die Pfälzer kennen vielerlei Knepp: Lewwerknepp, Hoorisch Knepp, Grießknepp, Fleeschknepp, Gefillde Knepp usw.

Hoorisch Knepp: Klöße aus rohen Kartoffeln, die der Pfälzer als „haarig“ empfindet, was man angesichts der Struktur der roh geriebenen Kartoffeln mit ein wenig Fantasie durchaus nachempfinden kann. Und mit „Knepp“ sind Knöpfe gemeint.

Schnitzknopp: Dass es sich beim Schnitzknopp um etwas Essbares handeln könnte, darauf kommt doch erst einmal niemand. Dennoch, der Schnitzknopp ist nichts anderes als eine große Dampfnudel. Er besteht aus einem süßen Hefeteig, der in dieser Form eines großen Kloßes in der Südwestpfalz zu Hause ist. Und er wird zusammen mit dem Dörrobst, das dazu gegessen wird, in einem Topf gegart. Das Wort „Schnitzknopp“ setzt sich zusammen aus „Schnitzen“ (Schnitzel, Scheibchen, aus Äpfel oder Birnen) und der Pfälzer Bezeichnung „Knopp“ für „Knopf“.

Kunschthäwelfleesch: Mit dem eigenartigen Namen dieses Pfälzer Gerichtes hat es die folgende Bewandtnis. „Kunst-Topffleisch“ hat mit Kunst im üblichen Sinne dieses Wortes nichts zu tun. Die Bezeichnung bezieht sich vielmehr auf das künstlich hergestellte Kochgefäß aus Pergamentpapier. Das Fleisch wird in Pergament eingeschlagen, sodass es zusammen mit Kartoffeln in demselben Topf gegart werden kann, ohne dass aus den verschiedenen Zutaten gleich ein Eintopf würde. In der heutigen modernen Küche verwendet man Bratfolie.

Laddwerg: dies ist nichts anderes als Pflaumenmus. Abgeleitet ist das Wort vom lateinischen electuarium. Ähnlich werden auch Apfelkraut oder Rübenkraut hergestellt. Laddwerg dient als Brotaufstrich, wird zu Quarkspeisen gegessen, mancherorts auch in Berliner gefüllt.

Riwwelkuche: Streuselkuchen, mit Hefeteig gebacken. Die Streusel entstehen durch „Riwweln“ – also Reiben des Teiges.

Weck, Woschd un Woi: Brötchen, Wurst und Wein sind ein fester Bestandteil der Pfälzer Küche, weil's so einfach zuzubereiten ist. Metzgereien haben vielfach noch einen großen Kessel, worin die Fleischwurstringe heiß gehalten werden. Da holt sich so manch ein hungriger Geselle mal eben eine Stärkung für die Mittagspause. Und der Woi? Na, den gibt es hierzulande an jeder Ecke.

Aus dem Suppentopf

Die Grumbeersupp ist, weil die Pfälzer Kartoffeln doch über alles lieben, wohl die beliebteste und auch bekannteste der Pfälzer Suppen. Kurt Dehn, der in der Pfalz sehr beliebte Mundartdichter, besingt die Pfälzer Spezialität „Grumbeersupp un Quetschekuche". Und so finden Sie das Rezept natürlich auch hier, bei den von mir ausgewählten Suppen. Seien Sie nicht erstaunt, denn die Grumbeersupp ist eine sehr reichhaltige Suppe, die nicht unbedingt eines Suppentellers bedarf.

Die Liebe der Pfälzer zu Suppen rührt wohl daher, dass in früheren Zeiten, als die Landbevölkerung sich noch aus dem hausnahen Gemüsegarten versorgte, dieser auch einen bedeutenden Teil der Mahlzeiten lieferte. So konnte die Hausfrau schnell in den Garten eilen und alles Erforderliche zusammentragen, um eine schmackhafte und sättigende Suppe auf den Tisch zu bringen. So hat die Grien Grumbeersupp den Beinahmen „Quer durch den Garten" erhalten. Für die Franzosensupp zum Beispiel benötigte die Hausfrau etwas Fleisch- oder auch Hühnerbrühe und einige Gemüse. Die Gartenerträge bestimmten also auch was in den Kochtopf kam. Und im Herbst, wenn die Gemüseernte im Garten dünner wurde, suchte man nach anderen Möglichkeiten. Dann ging man los, suchte Esskastanien, und es gab Keeschdesupp. Im Winter schließlich, während der kalten Jahreszeit, löffelte man Woisupp, die zudem noch den Vorzug hatte, die Esser von Innen zu wärmen.

Paradeisersupp

Für 4 Personen

Zutaten

1 kg sehr reife Tomaten
1 große Zwiebel
2 EL Butterschmalz
1 l Fleischbrühe
1 Becher Schlagsahne
2 Eigelbe
2 EL Mehl
Salz, Pfeffer und 1 Prise Zucker,
Basilikum

Gut zu wissen!

Nicht jeder wird mit dem Begriff „Paradeiser" etwas anfangen können. Es handelt sich um ein älteres, vor allem im Österreichischen und anderen Mundarten des Deutschen (wie dem Pfälzischen) noch immer durchaus gebräuchliches Wort für „Tomate". Warum diese ursprünglich aus Mexiko stammende Frucht nun für paradiesisch gehalten wurde, ist nicht ganz klar. Der „paradiesische" Name könnte eventuell damit zusammenhängen, dass die Tomate als Aphrodisiakum Verwendung fand und deshalb auch „Liebesapfel" genannt wurde. Übrigens wurde der Paradeiser, den man als Nachtpflanze für giftig hielt, bis 1820 eigentlich nur als Zierpflanze angebaut ... und halt als eine Medizin der besonderen Art.

Zubereitung

Die Paradeiser waschen und in Stücke teilen. Die Zwiebel schälen und in Würfel schneiden. Das Butterschmalz in einem Topf erhitzen und beides in den Topf füllen.
Unter häufigem Rühren 10 Minuten schmoren lassen, dann das Mehl darüberstäuben, unterrühren und schließlich mit der Brühe aufgießen. Zum Kochen bringen und bei offenem Topf 20–25 Minuten kochen. Indes die Mixtur aus Crème fraîche und Eigelben in einem Schälchen verquirlen und für den späteren Gebrauch zur Seite stellen.
Den Topfinhalt nach Ende der Kochzeit in ein Sieb gießen und durchpassieren. Die Suppe mit Salz, Pfeffer und 1 Prise Zucker abschmecken, die vorbereitete Crème-Eigelb-Mischung zugeben. Auf den Herd zurückstellen und unter fleißigem Quirlen erwärmen. Nicht kochen!
Vor dem Servieren mit frisch gehacktem Basilikum bestreuen.

Tipp

Die Paradeiser-Supp gelingt in den Sommermonaten, wenn die heimischen, sonnengereiften Tomaten auf den Markt sind, ganz besonders gut.

Franzosesupp

Für 4 Personen

Zutaten

500 g Suppenfleisch
2–3 Suppenknochen
1 Zwiebel
1 Stück Knollensellerie
2 Möhren
2 Petersilienzweige
½ kleinen Weißkrautkopf
½ kleinen Blumenkohl
400 g Erbsen
Petersilie nach Geschmack

Zubereitung

Aus Suppenfleisch und -knochen, gewürfelter Zwiebel, Sellerieknolle, einer klein geschnittenen Möhre und den Petersilienzweigen in einem Liter Wasser eine kräftige Brühe kochen. Die übrigen Gemüse putzen. Den Blumenkohl in kleine Röschen teilen, das Weißkraut in Streifen schneiden, die Möhre in Scheiben und die Petersilie fein hacken. Die Brühe durch ein Sieb gießen, die Gemüse zugeben und garen. Sie sollten noch knackig sein, wenn die Suppe, bestreut mit Petersilie, aufgetragen wird. Dazu reicht man ein Stück Baguette oder auch ein deftiges Bauernbrot, je nach Lust und Laune.

Gut zu wissen …

… dass die Pfälzer und ihre französischen Nachbarn einige gemeinsame Vorlieben haben, auch was das Essen betrifft. Das überrascht nicht, denn nicht nur grenzt die Pfalz an Frankreich, sondern die Grenze hat sich in den vergangenen Jahrhunderten immer wieder verschoben – leider nicht immer unter ganz friedlichen Umständen. Heute sind französische Kunden in Pfälzer Geschäften ebenso willkommen sind wie deutsche in elsässischen. Dies ist sowieso ein interessantes Phänomen: viele Pfälzer kaufen sehr gerne in französischen Supermärkten ein, weil sie das Angebot der Nachbarn schätzen; aber die Franzosen strömen ebenso gen Norden, um sich Pfälzer Produkte zu besorgen.

Tipp

Das Suppenfleisch mit Meerrettichsauce wird, begleitet von Bouillonkartoffeln, zu einer vorzüglichen Hauptmahlzeit.

Grien Grumbeersupp

Für 4 Personen

Tipp

Zur Grumbeersupp gibt es bei den Pfälzern entweder Kartoffelpfannkuchen oder „Quetschekuche“. *Rezept Seite 15.*

Zutaten

1 kg mehlig kochende Kartoffeln
1 Lauchstange
1 Bund Petersilie
6 Spinatblätter oder die entsprechende Menge Tiefkühlspinat
1 Zweig Selleriegrün
2 Möhren
1 Zwiebel
1 l Fleischbrühe (kann von 1 Brühwürfel sein)
3 EL Butterschmalz
1 Becher saure Sahne
Salz, Pfeffer, 1 Lorbeerblatt, Muskatnuss, 1 Msp. gemahlener Piment

Zubereitung

Die Kartoffeln schälen, waschen und in kleinere Würfel schneiden. Die Möhren säubern und in dünne Scheiben schneiden. Die übrigen Gemüse waschen und in Streifen schneiden.
In einem Suppentopf das Butterschmalz erhitzen und darin die Kartoffeln und die Gemüse unter fleißigem Rühren anbraten. Danach mit der heißen Brühe aufgießen, salzen und pfeffern und bei geringer Temperatur garen. Das dauert 25–30 Minuten. Jetzt muss die schon recht sämige Suppe mit Salz, Pfeffer und ein wenig Muskat noch abgeschmeckt werden. Das Lorbeerblatt herausfischen, die saure Sahne zugeben und die Suppe gründlich durchrühren. Das macht sie zum einen sämig und dient andererseits dem Zweck, die auf dem Topfboden sitzenden dicken Gemüse aufzurühren.
Die Suppe sofort heiß auftragen.

Quetschekuche

Für 1 Kuchenblech von 40 x 34 cm

Zutaten

Zutaten für den Teig

500 g Mehl
1 Würfel frische Hefe oder
1 Päckchen Trockenhefe
80 g Zucker
ca. 1/4 l Milch
1/2 TL Salz
100 g Butter
1 Ei
abgeriebene Schale einer
1/2 unbehandelten Zitrone
Butter für das Backblech

Zutaten für den Belag

1,5 kg Zwetschen
Zucker und Zimt nach
Geschmack

Zubereitung

Das Mehl in eine Schüssel geben, in die Mitte eine Mulde drücken. Dahinein die Hefe bröckeln (Trockenhefe nach Vorschrift verwenden). Etwas Zucker darüberstreuen und mit der Hälfte der Milch und etwas Mehl zu einem glatten Vorteig verrühren. Die Schüssel abdecken und an einem warmen Ort den Vorteig 20 Minuten oder bis der Teig sich verdoppelt hat gehen lassen. Nun die Butter, die restliche Milch, Zucker, Ei, Salz und Zitrone (alles muss Raumtemperatur haben) in die Schüssel geben, mit einem Holzlöffel verarbeiten, anschließend mit den Knethaken des Handrührgerätes schlagen bis der Teig Blasen wirft. Zum Schluss den Teig auf einer Arbeitsplatte mit den Händen noch 5 Minuten durchkneten. Er wird besonders schön glatt, wenn Sie ihn dabei immer wieder hochnehmen und kräftig auf die Arbeitsplatte werfen. Mit einem Tuch bedecken und an einem warmen Ort nochmals 20 Minunten aufgehen lassen. Nachdem der Teig zu einem üppigen Ball aufgegangen ist, kommt er auf das Kuchenblech, um zunächst mit dem Rollholz und danach mit den Fingerspitzen ausgebreitet zu werden.

Die gewaschenen Früchte mit einem Tuch gut trockenreiben, der Länge nach auf einer Seite einschneiden, nicht durchschneiden, entsteinen und nochmals der Länge nach an den Kanten oben und unten etwas einschneiden. Dicht nebeneinander mit der Schnittfläche nach oben auf dem Teig auslegen. Bei 200° C 35–45 Minuten backen. Den Quetschekuche noch warm mit der Zimt-Zuckermischung bestreuen.

Grien Bohnesupp

Für 4 Personen

Zutaten

500 g Buschbohnen
1 Bund Bohnenkraut
250 g frischen Schweinebauch
1 Zwiebel
1 EL Butterschmalz
1 EL Mehl
2 Petersilienzweige
Salz, Pfeffer

Gut zu wissen!

Bekannt ist diese leckere grüne Bohnensuppe, die sowohl Vorspeise als Hauptgericht sein kann, in erster Linie in der Gegend um Deidesheim.

Zubereitung

Das Bauchfleisch mit leicht gesalzenem Wasser bedeckt zum Kochen bringen. Nach 45 Minuten sanften Kochens sollte es zart sein und wird aus der Brühe genommen. Indes sind die Bohnen gewaschen, entfädelt und in Stücke gebrochen. Die Speckbrühe zum Kochen bringen, die Bohnen und 1 oder 2 Zweige des Bohnenkrautes zugeben. Die Bohnen etwa 10 Minuten garen, bis sie bissfest sind. Die Zwiebel schälen und in feine Würfel schneiden, im Butterschmalz glasig dünsten, die Temperatur erhöhen und die Würfelchen leicht bräunen lassen, dann mit Mehl bestäuben und mit einem Spachtel durchrühren. Diese zum Binden gedachte Mixtur in die Suppe einrühren. Nun schöpft man etwas Suppe in die Pfanne, kratzt den Satz mit einer Gabel vom Pfannenboden und gibt auch dies noch zu den Bohnen. Den Speck in Würfel schneiden, das Ganze mit Salz und Pfeffer würzen und auch noch vom fein geschnittenen frischen Bohnenkraut einstreuen. Die Suppe vor dem Auftragen mit frischen von den Stängeln gezupften Petersilienblättchen bestreuen.

Tipp

Wer diese Suppe gerne sämig möchte, nimmt 1 oder 2 geschälte und in Würfel geschnittene, mehlig kochende Kartoffeln dazu.

Metzelsupp

Für 4 Personen

Zutaten

$2\frac{1}{2}$ Liter Brühe (in der das Fleisch für die Wurstzubereitung und die Brühwürste gekocht wurden)
1 Hausmacher Blutwurst (möglichst ungeräuchert)
1 Hausmacher Leberwurst
2 Zwiebeln
1 EL Schweineschmalz oder Wurstfett
Salz, Pfeffer, Majoran, Thymian

Zubereitung

Die Brühe kochen bis sie um die Hälfte reduziert ist. Inzwischen die Zwiebeln schälen und in kleine Würfel schneiden. Die Hausmacher Würste häuten und mit einer Gabel zerdrücken. Danach das Schmalz oder Wurstfett in einem großen Topf auslassen, die Zwiebelwürfel darin goldgelb braten. Dazu die fein zerdrückte Wurstmasse geben, mit Salz, Pfeffer, Majoran und Thymian sehr kräftig würzen. Die Masse 10 Minuten bei wenig Hitzezufuhr braten lassen. Die restlichen Zutaten in die Brühe einrühren. Die Metzelsupp noch 10 Minuten bei offenem Topf sanft kochen lassen, abschmecken und nach Bedarf nachwürzen, denn sie soll kräftig und herzhaft schmecken.

Gut zu wissen ...

...was „Metzelsupp" ist?
Das Wort „metzeln" hängt natürlich mit „Metzger" zusammen. Der Metzger metzelt genauso wie der Steinmetz – der eine haut auf Fleisch, der andere auf Steine. Auf Steine haut aber auch der Maurer, der bekanntlich im Englischen „mason" heißt: Er metzelt halt die rohen Steine, bevor er sie verbauen kann.
Die „Metzelsupp" nun ist eine Suppe, die nach dem Schlachtfest, das ja eine Art „Gemetzel" ist, aus den so gewonnenen Zutaten hergestellt wird. Den Ursprung unserer fleischlichen Nahrung in einem derartigen Gemetzel verdrängen wir natürlich gerne; es verdirbt uns den Appetit.

Tipp

Als Beilage wird gerne Bauernbrot, dick bestrichen mit Wurstfett, gegessen.

Keeschdesupp

Für 4 Personen

Zutaten

500 vorbereitete Maronen
3/4 l Hühnerbrühe
3 oder 4 Frühlingszwiebeln
150 g süße Sahne
40 ml trockener Portwein
2 EL Butter
Salz, Pfeffer

Zubereitung

Die Frühlingszwiebeln waschen und in Ringe schneiden, 450 g der Maronen grob zerkleinern und in einem Topf in der Butter beides andünsten, mit der Hühnerbrühe aufgießen und kochen bis die Maronen weich sind. Frische Maronen benötigen je nach Größe 20–30 Minuten Die Sahne einrühren und mit dem Pürierstab zu einer cremigen Suppc pürieren. Mit Salz und Pfeffer würzen und mit dem Portwein verfeinern.
Die für die Einlage zurückgelassenen Maronen in Würfelchen schneiden und in der verbliebenen Butter rösten. Zum Servieren die Suppe in Tassen füllen, auf jede Portion einen Löffel Schlagsahne setzen und einige der gerösteten Würfel darüberstreuen.

Gut zu wissen, ...

... dass Esskastanien und Maronen botanisch sehr verschieden sind. Während die Esskastanien ein Eichengewächs sind, handelt es sich bei Maronen um ein Buchengewächs. Die Römer haben die Esskastanien, die ursprünglich aus Kleinasien stammen, mit in die Pfalz gebracht. Und den Wein brachten sie auch gleich mit, pflanzten die ersten Weinstöcke und legten somit den Grundstein für den heutigen Weinanbau an der Südlichen Weinstraße.
So ist es nicht verwunderlich, dass die Pfälzer aus „Keeschde un naie Woi“ eine beliebte Knabberei gemacht haben. Die gesammelten Früchte werden gekocht, fix geschält und gepellt. Dazu gibt's bevorzugt neuen Wein.

Woisupp

Für 4 Personen

Zutaten

½ Liter lieblichen Weißwein
⅛ Liter Wasser
1 Becher süße Sahne
2 Eigelbe
1 EL Speisestärke
1 Bio-Zitrone

Zubereitung

Wein, Wasser, Sahne und die Stärke in einen Topf füllen und mit einem Schneebesen kräftig durchrühren. Das Gelbe der Zitronenschale mit Würfelzuckerstücken abreiben, zu der Mischung geben, den Topf aufs Feuer stellen und den Inhalt langsam unter Quirlen zum Kochen bringen. Wenn die Suppe ein wenig eingedickt ist, den Topf von der Kochstelle nehmen. Die Eigelbe mit etwas Wasser verquirlen und in die Suppe rühren. Nochmals aufs Feuer stellen und erwärmen, aber keinesfalls kochen.
Man kann sowohl ein Stückchen Zimtstange als auch 1 Nelke zum Aromatisieren mitkochen.

Gut zu wissen!

Diese Weinsuppe reichte man in der Pfalz schon von alters her gerne Wöchnerinnen und Rekonvaleszenten, um ihnen schneller wieder auf die Beine zu helfen. Kein Wunder, denn die Weinsuppe nach Pfälzer Art ist durch Eigelbe und Sahne kräftigend, der Wein hingegen wirkt belebend. Also ist diese leckere süße Suppe ein wahres Labsal, um Körper und Geist anzuregen und zu stärken.

Tipp

Die Pfälzer mögen dazu warme, mit Butter bestrichene Milchwecken.

Silzer

Die Grumbeer in der Pfalz
und anners Gemies

Die Grumbeer hat in den verschiedenen Pfälzer Dialekten unterschiedliche Namen. So heißt sie in der Vorderpfalz „Grumbere" mit kurzem E, um Kusel nennt man sie „Grambeere", die Südwestpfälzer nennen sie „Grambiere", und „Grumbeer" sagen die Südpfälzer. Alle diese Bezeichnungen für die Kartoffel bedeuten nichts anderes als „Grundbirne" – dies deshalb, weil die Frucht in der Erde wächst und birnenförmig ist. Wir haben es also schlicht und einfach mit einer Birne aus dem Grund zu tun. (Die Franzosen und Holländer halten die Kartoffel dagegen eher für einen Erdapfel: pomme de terre, sagen ja unsere französischen Nachbarn, während man in den Niederlanden vom aardappel spricht.)

Der Kartoffelanbau in der Pfalz reicht bis in das 17. Jahrhundert zurück. Während des Dreißigjährigen Krieges (1618–1648) sollen durchziehende Soldaten die Kartoffel mit in die Pfalz gebracht haben. So könnte die Landbevölkerung die ersten Kartoffeln zur Eigenversorgung in den Hausgärten angepflanzt haben. Vermutlich waren dies die Anfänge des Anbaus dieser Kulturfrucht aus den Anden in Deutschland.

Darüber hinaus gelten das Herzogtum Pfalz-Zweibrücken, die Kurpfalz und das Voigtland heute als die ersten Gebiete, in denen die Kartoffel überhaupt feldmäßig angebaut wurde. Der historische Beweis hat interessanterweise mit der Erhebung von Steuern zu tun, dem sogenannten „Zehnten", welchen die Bauern ihren Lehnherren schuldeten. So ist belegt, dass der Zehnte im Jahre 1720 in Lemberg bei Pirmasens auf Kartoffeln ebenso erhoben wurde wie auf andere Feldfrüchte. Was bedeutet, dass die eingebrachte Ernte nicht nur aus bäuerlichen Gärten stammen konnte, sondern aus weitflächigem Anbau. Ab 1764 galt für den Kartoffelanbau in der Pfalz ganz allgemein eine Geldabgabe; nur wenig später folgte auch das Saarland.

Heute ist die Pfalz mit mehr als 4000 Hektar das größte Anbaugebiet für Frühkartoffeln in Deutschland. Ein Großteil der frühen Ernte kommt ab Ende Mai auf den Markt. Diese Kartoffeln sind nicht nur bei den Pfälzern sehr gefragt, sondern auch im nahen Ausland. Welcher Kenner schätzt nicht „Pellissimo", die Frühe aus der Pfalz. Die zarte Haut wird mitgegessen, nicht weil es angeblich gesünder ist (das haben Wissenschaftler längst widerlegt), sondern weil es einfach leckerer ist.

Gebrätelte Grumbeere
mit Fleeschworscht

Für 4 Personen

Zutaten

1,5 kg festkochende Kartoffeln
2 Zwiebeln, 1 Tasse Fleischbrühe
1/8 l trockenen Riesling
1 Lorbeerblatt
3 EL Butterschmalz
Majoran, Salz, Pfeffer

Gut zu wissen, ...

... dass der Fleischwurstring in der Pfalz einen großen Platz auf der Speisekarte einnimmt. Er gehört unter anderem in den Fleischsalat und zu „Weck, Worscht un Woi" und wird eben auch zu Bratkartoffeln gerne gegessen. Und zu all diesen Pfälzer Speisen, und das ist selbstverständlich in der Pfalz, gehört auch ein Pfälzer Wein. Für diese Zubereitung sind aber die Gebrätelten nach Pfälzer Art, mit Wein knusprig gebratenen Kartoffeln, eben auch sehr wichtig.

Zubereitung

Die Kartoffeln schälen, waschen und in dünne Scheibchen schneiden. Die Zwiebeln schälen, in Würfel schneiden und in heißem Schmalz in einer gusseisernen Pfanne goldgelb anbraten. Dazu kommen dann die Kartoffelscheiben. Beides etwa 10 Minuten bei mäßig starker Hitze unter häufigem Wenden braten, bis sich eine schöne braune Kruste gebildet hat. Mit Brühe und Wein untergießen, das Lorbeerblatt dazulegen und bedeckt 30 Minuten garen. Ohne Deckel geht es nun weiter. Hitze hochstellen und kräftig brutzeln, bis alle Flüssigkeit verdampft ist. Die Fleischwurst kann während dieser Garzeit auch schon mal heiß gemacht werden, denn sie benötigt, dick wie sie ist, eine Weile bis sie durch und durch heiß ist. Das Lorbeerblatt aus den Gebrätelten fischen und – das ist die Besonderheit beim Gebrätelten – kräftig mit Majoran bestreuen.
Nun noch ein ordentliches Stück Fleischwurst vom Ring, heiß aus dem Kessel, absäbeln und losfuttern.

Dibbelabbes

Für 4 Personen

Zutaten

1 kg festkochende Kartoffeln
2 kleine Zwiebeln
3 EL Butterschmalz
1 Ei
Salz, Pfeffer

Gut zu wissen!

Ein „Dibbelabbes" genanntes Gericht bedarf zunächst einmal einer kleinen sprachlichen Erläuterung für alle Nicht-Pfälzer, die mit diesem merkwürdigen Wort sicherlich nicht viel anfangen können. Also, „Dibbe" ist im pfälzischen Dialekt ein Topf. Und aus meiner Jugendzeit in Köln weiß ich, dass „Labbes" dort einen großen Kerl bezeichnet. Im Saarland und in der Pfalz ist die Bedeutung etwas anders, aber doch ähnlich, denn das Wort benennt einen Lappen oder ein „großes Teil". Womit wir fast bei unserem Gericht angekommen wären, das allerdings kein Topflappen ist, sondern ein in der Pfanne gebratenes großes Teil (ein großer Kuchen also). Gemeint ist im Grunde genommen ein großer, in Fetzen gerissener Reibepfannkuchen.

Zubereitung

Die Kartoffeln schälen, waschen, mit Küchenpapier sorgfältig trocknen und schließlich grob reiben. In ein Tuch geben und die Flüssigkeit herausdrücken, und zwar sehr gut. Die Zwiebeln – es kann auch 1 große Zwiebel sein – schälen und ebenfalls reiben, aber auf der feinen Seite der Raspel! Kartoffeln, Zwiebeln, Ei und Gewürze miteinander vermischen. In einer großen gusseisernen Pfanne das Butterschmalz erhitzen, die Kartoffelmixtur hineingeben und bei guter Hitze anbraten. Den Kuchen wenden und die zweite Seite bräunen. Danach die Prozedur des Wendens und In-Stücke-Reißens noch einige Male wiederholen, bis alle Stücke von jeder Seite recht knusprig gebraten sind. Die Dibbelabbes, so mögen es die Pfälzer, sollen braun und knusprig serviert werden.

Tipp

Die Pfälzer mögen den Dibbelabbes am liebsten mit Apfelkompott.

Himmel un Erd

Für 4 Personen

Zutaten

1 kg vorwiegend festkochende Kartoffeln
1 kg Äpfel (vorzugsweise Boskop, denn dieser säuerliche Apfel eignet sich besonders gut)
warme Milch
100 g Butter
4 Griebenwürstchen
Zucker, Salz, Pfeffer

Gut zu wissen, ...

... warum ein Gericht aus Kartoffeln und Äpfeln „Himmel und Erde" heißt. Und die Lösung ist so einfach: Himmel steht für die Äpfel an den Bäumen, während die Bezeichnung „Erde" daher kommt, dass nicht nur die Kartoffel in der Erde wächst, sondern auch dass sie in früheren Zeiten in einigen Regionen als „Erdapfel" bezeichnet wurde. Noch heute heißt die Kartoffel bei unseren holländischen Nachbarn „aardappel".

Tipp

Vielfach werden auch knusprig-braune Zwiebelringe über das Püree gestreut. Lecker!

Zubereitung

Die Kartoffeln schälen, in Stücke teilen und in wenig leicht gesalzenem Wasser gar dünsten. Flamme hoch stellen, die Restflüssigkeit verdunsten und die Kartoffeln zerstampfen. Die Äpfel schälen, das Kerngehäuse entfernen und ebenfalls in wenig Wasser weich kochen – aber keinesfalls zu Apfelmus! Auch hier sollte die Restflüssigkeit verdunsten. Die beiden Komponenten nun vermischen, die Butter zugeben und die Mischung schaumig schlagen. Mit Salz, Pfeffer und Zucker würzen. Die Menge der warmen Milch, die benötigt wird, hängt nun von der Konsistenz Ihres Breies ab, der ähnlich wie Kartoffelpüree sein soll.
Die Blutwürste in heißem Schmalz (oder Butterschmalz) kross braten. Sie platzen in der Regel bei dieser Prozedur auf. Himmel und Erde auf eine Platte türmen, mit dem Fett übergießen und mit den Würsten bekränzen.

Hoorische Knepp

Für 4 Personen

Zutaten

1 kg rohe, grob geriebene Kartoffeln
500 g gekochte Kartoffeln
100 g Weckmehl
2 Eier
2 EL Mehl
Salz

Zubereitung

Die geriebenen rohen Kartoffeln sehr gründlich ausdrücken und mit den ebenfalls geriebenen gekochten Kartoffeln in eine Schüssel füllen. Eier, Weckmehl, Salz und bei Bedarf (wenn der Teig nicht ausreichend gebunden ist) auch etwas Mehl zugeben. Alles gut durchmischen und mit feuchten Händen Klöße formen. In einem Topf mit einer ausreichenden Menge gesalzenem, siedendem Wasser etwa 15–18 Minuten ziehen lassen. Die Klöße sind gar, wenn sie an die Oberfläche steigen.

Tipp

Mit zwei oder drei gerösteten Brotwürfelchen in der Mitte werden die Klöße ganz besonders locker. Diese Klöße sind sehr lecker zu Wildgerichten sowie zu allen Fleischtöpfen mit Sauce. Ganz besonders gut passen sie auch zu Sauerbraten.

Dreggische Grumbeere

Für 4 Personen

Zutaten

1 kg festkochende Kartoffeln
1 Zwiebel
2–3 EL Sonnenblumenöl
je 250–300 g hausgemachte Leber- und Blutwurst
Majoran, Salz, Pfeffer

Gut zu wissen, ...

...dass „Dreggische Grumbeere“ ein typisches Pfälzer Winzerstuben-Gericht sind; sie werden je nach Tradition des Hauses recht unterschiedlich aufgetragen. Immer aber gehören dazu mehr oder weniger zerfallene Würste, und manchmal wird das Ganze von einem Spiegelei gekrönt. Es handelt sich um ein leckeres, deftiges, wenn auch sehr kalorienreiches Mahl, dessen Aussehen ihm seinen Namen gegeben hat: „dreckige“ Kartoffeln sind es eben, nicht „haute cuisine“. Nach einer ausgedehnten Wanderung durch Wald und Flur, wenn gehöriger Appetit erlaufen wurde, kann ein jeder mit gutem Appetit und großer Freude zulangen.

Zubereitung

Es empfiehlt sich, die Kartoffeln schon am Vortag zu kochen. Die Scheiben bleiben, wenn die Kartoffeln ausgekühlt sind, fest und nehmen nicht so viel Fett auf.
Die Kartoffeln pellen und in nicht zu dünne Scheiben schneiden. Die Zwiebeln schälen und fein würfeln. In einer gusseisernen Pfanne – darin gelingen die „Dreggische Grumbeere“ am besten – das Öl erhitzen und die Zwiebeln darin bräunen, herausnehmen. Die Kartoffelscheiben im Fett knusprig braten. Die Zwiebeln wieder zugeben, mit Majoran, Salz und Pfeffer würzen und die in Scheiben geschnittene Wurst in die Kartoffelpfanne geben. Unter fleißigem Wenden fertig braten. (Die Wurst soll zerlaufen, darf aber keinesfalls anbrennen.)
Auf heißen Tellern servieren oder – das findet man sehr häufig – direkt in den Portionspfännchen auftragen, in denen das Gericht zubereitet wurde.

Tipp

Nach Belieben kann das Ganze mit einem Spiegelei gekrönt werden. Ein kräftiges Graubrot und Gewürzgurken vervollständigen das Mahl.

Grumbeer-Waffele

Für 4 Personen

Zutaten

300 g Mehl
20 g Hefe
¼ l lauwarme Milch
1 kg geriebene Kartoffeln
2 Stangen Lauch
3 Eier
250 g Dörrfleisch
Pfeffer, Salz, Muskat

Zubereitung

Aus Mehl, Hefe und Milch einen Teig ansetzen und gehen lassen. Kartoffeln und den in Ringe geschnittenen Lauch, die Eier und Gewürze mischen und unter den aufgegangenen Hefeteig heben. Je Waffel 1 EL gewürfeltes Dörrfleisch auf dem Waffeleisen verteilen, kurz anbraten, den Teig darübergießen und backen.
Mit einem Schälchen Kräuterquark oder Crème fraîche servieren.

Gut zu wissen, …

… dass es im Sickinger Land, in der Südwestpfalz, den Grumbeermarkt gibt. Er findet alljährlich im Oktober in Wallhalben statt. Das ländliche Markttreiben, mit alter Handwerkskunst und einem Bauernmarkt, zieht jährlich immer wieder viele Besucher an. Das liegt wohl auch an den zischenden und rauchenden Pfannen, in denen lange vergessene Leckereien gebrutzelt werden, die aus Großmutters Kochbuch stammen. Für so manch einen Besucher bedeutet dies, ganz unerwartete Gaumenfreuden genießen zu können.
Das folgende traditionelle Rezept der „Grumbeer"-Waffeln stammt aus dem Sickinger Land, aus Wallhalben, das zwischen Landstuhl, Zweibrücken und Pirmasens gelegen ist.

Tipp

Der Mühlenweg im Wallhalbtal in der Südwestpfalz lockt außer mit Mühlenwanderungen auch mit einigen Brennereien, die nach traditioneller Methode, aber mit neuester Technik, Kartoffelschnaps brennen.

Grumbeer-Hörnchen

Für 4 Personen

Tipp

Die Grumbeer-Hörnchen mit Pflaumenmus oder einer anderen Konfitüre oder gar mit Schoko-crème füllen.

Zutaten

300 g Mehl
250 g Kartoffeln
75 g Zucker
1 Prise Salz
1 Ei
75 g Butter
1 Tütchen Backpulver
2 TL Vanillezucker
1–2 EL kaltes Wasser nach Bedarf

Zubereitung

Zunächst die Grumbeere in der Schale kochen, mit kaltem Wasser abschrecken, die Schale abziehen, durch ein Sieb pressen und erkalten lassen. Kartoffeln, Mehl, Backpulver, Zucker, Salz, Butter, Vanillezucker und Ei vermischen. Falls das erforderlich ist, muss man noch 1 oder zwei EL Wasser zumischen. Aus der Kartoffelmasse einen glatten Teig herstellen und auf einer mit Mehl bestäubten Fläche dünn ausrollen. Aus der Platte Dreiecke schneiden. Diese werden, von der breiten Seite her aufgerollt, auf ein mit Backpapier ausgelegtes Backbleck gesetzt und in dem auf 180–200° C vorgeheizten Ofen 20 Minuten gebacken. Die goldbraunen – so sollten sie ausschauen – Hörnchen herausnehmen und noch warm mit Puderzucker bestäuben.

Keeschdegemies

Für 4 Personen

Zutaten

1 kg Esskastanien
1/4 Liter Fleischbrühe
100 g Butter
1 große Zwiebel
1 EL Zucker
Salz, Pfeffer

Gut zu wissen!

Durch das begünstigte Klima, das die Pfalz ihnen bieten kann, wachsen Esskastanien sowohl am Rande des Pfälzerwaldes als auch an der Weinstraße. Es waren die Römer, die dieses mediterrane Gehölz in die Pfalz brachten. Und nicht nur die Keeschde pflanzten sie an, sondern ebenfalls den Wein. So ist es nicht verwunderlich, dass die Pfälzer beides kombinieren. Und dies nicht nur im Kochtopf, nein, sie sammeln die Früchte, die Ende September Anfang Oktober reifen, entkernen und garen sie und machen daraus eine äußerst beliebte Knabberei: Keeschde un Woi!

Zubereitung

Die Kastanien kreuzweise einschneiden, in einen Topf füllen, mit Wasser bedecken und zum Kochen bringen. Nach 20 Minuten von der Kochstelle nehmen, abgießen und kalt abschrecken. Die Kastanien nun von der äußeren harten Schale befreien und auch die dünne braune Haut abziehen. In einem Topf die Brühe erhitzen und die Maronen dazugeben und auf kleiner Flamme warm stellen. Die fein gehackte Zwiebel in einem zweiten Topf mit der zerlassenen Butter glasig dünsten, mit dem Zucker bestreuen, und nun den Topf schwenken um Zucker und Zwiebeln zu vermischen. Die Butter-Zwiebel-Zuckermixtur mit einem Spachtel in den Kastanientopf schaben. Behutsam, um die Früchte nicht zu zerdrücken, durchrühren bis alle Zutaten perfekt gemischt sind.
Schmeckt natürlich wunderbar zur Weihnachtsgans, aber auch zu allerlei anderen Braten, ist dieses Keeschde-Gemies ein Genuss.

Pälzer Woikraut

Für 4 Personen

Zutaten

500 g Sauerkraut
2 mittelgroße Zwiebeln
1 großer Apfel (möglichst Boskop)
8 Wacholderbeeren (mit einem Messerrücken zerdrückt)
2 Lorbeerblätter
8 zerstoßene Pfefferkörner
1 Glas trockenen Riesling
1 Glas Hühnerbrühe
2 EL Gänseschmalz (ersatzweise Schweineschmalz)

Zubereitung

Die Zwiebeln schälen, in feine Würfel schneiden und im Schmalz glasig dünsten. Die übrigen Zutaten zugeben und mit einem Glas Wein und ebenso viel Hühnerbrühe aufgießen. Zum Kochen bringen und bedeckt bei milder Hitze in 45 Minuten garen lassen. Durch starkes Kochen ohne Deckel die überschüssige Flüssigkeit reduzieren, aber keineswegs ganz einkochen. Die Lorbeerblätter entfernen und servieren.

Tipp

In der Weinflasche, die Sie geöffnet haben, um das Kraut zu garen, ist sicherlich eine noch ausreichende Menge trockenen Pfalzweines, um die Gläser derer zu füllen, die am Mahl teilhaben.

Bayrisch Kraut

Für 4 Personen

Zutaten

1 Kopf Weißkraut
(ca. 1 kg schwer)
125 g geräucherter, durchwachsener Speck
1 Zwiebel
1 kleiner Apfel (vorzugsweise Boskop)
1/8 l Fleischbrühe
2 EL Gänse- oder Schweineschmalz
4 EL Weißweinessig
1 Glas Weißwein
1 EL Zucker
1 EL Kümmelsamen
Salz, Pfeffer

Gut zu wissen, ...

... dass man Bayrisch Kraut – der Name ist der bayerischen Vergangenheit der Pfalz gezollt – als eines der ältesten Kohlrezepte betrachten kann. Während die Bayern gerne Schweinehaxe zu ihrem Kraut mögen, bevorzugt man in der Pfalz Schweinebraten.

Zubereitung

Die äußeren Kohlblätter entfernen, den Kopf vierteln, waschen und mittelfein hobeln. Der Strunk kann – und das ist empfehlenswert – Stück für Stück herausgeschnitten werden. Den Speck in Würfel schneiden, die Zwiebel schälen und ebenfalls in kleine Würfel schneiden. In einem ausreichend großen Topf das Schmalz erhitzen, den Speck zugeben und auslassen. Nun mit dem Zucker bestreuen und bei stärkerer Temperatur ein wenig anbräunen, während man fleißig rührt. Als Nächstes die Zwiebelwürfel zugeben und dünsten, bis sie glasig sind. Das gehobelte Kraut zu dieser Mixtur füllen und ebenfalls unter Rühren solange mitschmoren, bis es beginnt weich zu werden. Mit der Brühe aufgießen. Den indes geschälten und in Stücke geschnittenen Apfel zugeben und mit Salz und Pfeffer würzen. Bei hochgestellter Temperatur zunächst zum Kochen bringen, dann die Hitze zurücknehmen und das Kraut etwa 30 Minuten lang bissfest kochen. Mit Salz und Pfeffer nachwürzen und den Kümmel untermischen.

Brockelbohne

Für 4 Personen

Zutaten

1 kg Buschbohnen
500 g fest kochende Kartoffeln
1 große Zwiebel
250 g durchwachsener Speck
500 g Schweinenacken
¼ l Fleischbrühe
Bohnenkraut
Salz, Pfeffer

Gut zu wissen, ...

... dass Brockelbohnen eines der Leibgerichte des berühmten Kaiserslauterers Fritz Walter (1920–2002) waren. Seine Ehefrau Italia, eine Französin, war eine hervorragende Köchin und kochte nicht nur international, sondern besonders gerne auch pfälzisch für ihren Fritz. Brockelbohnen heißt dieser Bohneneintopf, weil die Bohnen „gebrockelt" (andernorts würde man sagen „gebrochen") werden. Mit der Bezeichnung „Brechbohnen" wird da manch einer besser zurechtkommen. Gut gepfeffert wird dieser Eintopf serviert, so macht er durstig und liefert einen guten Grund, auch einen kräftigen Schluck Pfälzer Wein zu trinken.

Zubereitung

Die Bohnen waschen, putzen und in 5 cm lange Stücke brechen. Die Zwiebel schälen und in feine Würfel schneiden. Ebenso den Speck in kleinere und das Fleisch in größere Stücke schneiden. Zwiebeln, Speck und Schweinenacken anbraten, die Bohnen zugeben, mit Brühe aufgießen, salzen und kräftig pfeffern. Alles zum Kochen bringen und 30 Minuten zugedeckt garen lassen. Nun kommen die geschälten und gewürfelten Kartoffelstücke dazu. Zugedeckt nochmals 20 Minuten sanft kochen lassen. Zuletzt mit frischem Bohnenkraut bestreuen und mit Pfeffer kräftig nachwürzen.

Sparschel mit Woischaum

Für 4 Personen

Zutaten

1 kg Spargel (mitteldicke, geschälte Stangen)

Für den Weinschaum
½ l Pfälzer Silvaner
4 Eier
20 g Speisestärke
Salz, weißer Pfeffer

Gut zu wissen, ...

... dass Spargel schon seit den 1930er-Jahren in der Pfalz angebaut wird. Aus den Orten Schifferstadt, Dudenhofen und Weisenheim am Berg kamen die ersten weißen Stangen aus der Pfalz. Die sandigen Böden der Region sind ideal, sodass mit der Ernte schon im April begonnen werden kann. Dank der heutigen modernen Anbautechnik, die auf die Abdeckung der Spargelfelder mit Folie setzt, wird auch auf sandigen Lehmböden Pfälzer Spargel angebaut. Deshalb ist die Anbaufläche insgesamt auf etwa 650 Hektar angewachsen.
Vermarktet wird der größte Teil dieser Ernte in der Pfalz, denn sehr viele Landwirte verkaufen ab Hof, sodass die frischen weißen Stangen erntefrisch auf den Tisch kommen.

Zubereitung

Die Spargelstangen in Salzwasser bissfest kochen. Unterdessen die Sauce zubereiten: Die Eier aufschlagen und trennen, die Eigelbe in einen Topf füllen, der in ein Wasserbad gestellt wird. Zunächst die Eigelbe schaumig schlagen und dann nach und nach den Wein sowie die in ein wenig Wein aufgelöste Speisestärke einrühren. Unter fleißigem Rühren im mäßig heißen Wasserbad zu einer dicken Creme aufschlagen. Die Eiweiße mit einer Prise Salz und wenig weißem Pfeffer zu sehr steifem Schnee schlagen und locker unter die Eiercreme heben.
Den abgetropften und mit einem Küchentuch trocken getupften Spargel auf einer tiefen Platte anrichten und mit einem Teil der Sauce überziehen. Den Rest der Sauce gesondert servieren. Kleine neue Pfälzer Kartoffeln schmecken dazu gut.

Von der Weide auf den Tisch ...

... und nicht aus der Massentierhaltung, so hofft man es jedenfalls! Das Fleischangebot in der Pfalz unterscheidet sich nicht wesentlich von dem in anderen Teilen Deutschlands – jedenfalls dann nicht, wenn man in Supermarktketten einkauft, die ihre Fleischwaren aus Großschlachtereien beziehen. Es gibt allerdings noch Metzgereien, die selbst schlachten und bei denen man weiß, dass das angebotene Fleisch tatsächlich von Pfälzer Weidetieren stammt. Weil immer mehr Kunden darauf achten, aus welcher Art der Tierhaltung ihr Braten kommt, haben sich inzwischen auch manche Supermärkte auf die veränderten Kundenwünsche eingestellt. Das ist sehr gut so! Zum Standard-Fleischangebot in der Pfalz gehören selbstverständlich die bekannten Spezialitäten wie etwa Saumagen oder Leberknödel.

Das traditionell für Viehzucht wichtigste Pfälzer Gebiet war der sogenannte „Viehstrich“, wie man ihn noch heute kennt. Es handelt sich um einen Landstrich, der sich von Schweighofen über Kapsweyer, Steinfeld und Schaidt bis nach Freckenfeld erstreckt. Die Bauern dort betrieben früher Viehzucht, weil die Feuchtwiesen für jede andere Bewirtschaftung ungeeignet waren.

Die Rinderzucht ist in diesem Gebiet erhalten geblieben, wenn auch in anderer Form. Es sind nicht mehr Kleinbauern, die einige Tiere auf der Weide stehen haben, sondern größere landwirtschaftliche Betriebe, die Rinderzucht betreiben. Dabei spielt das Charolais-Rind eine besondere Rolle, das ursprünglich aus dem südlichen Jura Frankreichs stammt und 1959 seinen Weg nach Deutschland fand. Heute stehen ansehnliche Herden von Charolais-Rindern auf den Weiden bei Schweighofen. Das mit Gütesiegel bedachte Fleisch ist von hervorragender Qualität und hat alle guten Eigenschaften, die Rindfleisch haben kann: Es ist schön marmoriert, aromatisch und saftig und, wenn es in den Verkauf gelangt, selbstverständlich gereift.

Das Glanrind, eine schon fast ausgestorbene Rinderrasse, haben Bauern im Glantal in der Nordwestpfalz wiederentdeckt. Mit nur 25 Kühen wurde vor wenigen Jahren der Neuanfang gestartet, jetzt sind es immerhin schon etwa 1000 Tiere. Das einfarbig gelbe Höhenrind ist anspruchslos, es steht ebenso gerne ganzjährig im Stall wie auf der Weide. Das vorzügliche Fleisch, das schnell Liebhaber gefunden hat, wird ausschließlich von den Bauern ab Hof verkauft.

Im Lautertal stehen Schottische Hochlandrinder auf den Weiden. Imposant sind diese urigen, zotteligen Gesellen. Der Betrieb, der im Lautertal diese „Highland Cattle“ züchtet und vermarktet, hält sich an die Regeln der kontrolliert zertifizierten Biohaltung.

Schließlich trifft man in der Pfalz häufiger auch auf Schafherden, die für das Freihalten größerer Areale Sorge tragen. Da Schafe, wie man so nett sagt, „Profi-Rasenmäher“ sind, spielen sie bei der Landschaftspflege eine große Rolle. Dass sie auch Milch und Wolle sowie Fleischlieferanten sind, macht ihre Haltung lohnend. Das Lammfleisch aus diesen Beständen wird zum Teil direkt vermarktet, aber auch über den Handel vertrieben.

Pälzer Sauerbroode

Für 4 Personen

Zutaten

1 kg Rinderbraten
Öl zum Anbraten
1/4 l Rotweinessig (gut bemessen)
1 große Zwiebel
1 Möhre
1 Lorbeerblatt
2 Nelken
10 Pfefferkörner
10 Wacholderbeeren
1 TL Senfkörner
1 EL Mehl zum Binden der Sauce
Salz, Pfeffer

Zubereitung

1/4 l Wasser mit Essig und den Gewürzen aufkochen, die abgekühlte Marinade über das Fleisch gießen. Für 3–4 Tage an einen kühlen Ort stellen, das Fleisch mehrmals wenden. Das Fleisch danach aus der Marinade nehmen, abtropfen lassen und gründlich trocken tupfen. In einem eisernen Bratentopf das Öl bis zum Rauchen erhitzen, den Braten einlegen und von allen Seiten anbraten. Die Zwiebeln aus der Marinade fischen, abtropfen lassen, zu dem angebratenen Fleisch geben und 15 Minuten mitschmoren. Dann kommen auch die restlichen Gemüse und Gewürze mit in den Topf. Etwas Marinade zugießen und schmoren lassen, bis alles leicht gebräunt ist.
Die verbliebene erwärmte Marinade schließlich auch noch zugießen, den Topf bedecken und den Sauerbraten auf kleiner Flamme fertig garen. Dabei gelegentlich wenden und mit Sauce übergießen.
1 1/2–2 Stunden, je nach Größe und Qualität, beträgt die Garzeit. Möhren, Lorbeer und die Zutaten, auf die man später nicht beißen möchte, mit dem Schaumlöffel aus der Sauce fischen. Salz und Pfeffer sowie das mit ein wenig Wasser angerührte Mehl kommen noch in die Sauce, ehe der Sauerbraten servierbereit ist und das Schmausen beginnen kann.
Dazu gehören Kartoffelklöße und Apfelmus.

Gut zu wissen!

Der Pfälzer Sauerbraten befindet sich in guter Gesellschaft mit anderen regionalen Sauerbraten-Rezepten. Ich denke da zum Beispiel an den rheinischen Sauerbraten, der mit Rosinen und Printen gewürzt wird, oder an den mit Rübenkraut verfeinerten aus Westfalen. Der Pfälzer Sauerbraten wird nicht immer nur aus Rindfleisch, sondern häufig aus Schweinefleisch und mit einem Anteil Rotwein zubereitet.
Obwohl jedes dieser Rezepte ein wenig anders ist, besteht die Grundidee darin, dass während des Beizens die Marinade in jede Fleischfaser dringt und dafür sorgt, dass die dunkelviolette Farbe und der säuerliche Geschmack entstehen. Außerdem zersetzt der Essig die Fleischfasern sowie zähes Bindegewebe und Sehnen und macht so das Fleisch mürbe.

Tipp

Zum würzigen Pfälzer Sauerbarten sind auch Dampfnudeln sehr lecker.

Bad Dürkheimer Rotwoibroode

Für 4 Personen

Zutaten

1 kg Rinderbraten
3/4 l trockenen Rotwein
4 EL Sonnenblumenöl
2 Möhren
2 Zwiebeln
1 Tomate
1/4 l Fleischbrühe
2 EL Mehl
4 EL Sahne
Salz, Pfeffer

Zubereitung

Den Rinderbraten mit dem Rotwein übergießen und kühl stellen. Den Braten nach zwei Tagen aus der Marinade nehmen, trocken tupfen und mithilfe eines Löffelstiels zwei Löcher hineindrücken. Die Möhren schälen und in diese Löcher hineinstecken. In einem Bratentopf das Fett erhitzen, den Braten einlegen und rundherum anbraten, salzen und pfeffern. Die Zwiebeln schälen, in Stücke schneiden und mit anbraten. Die Tomate indes mit kochendem Wasser überbrühen, die Haut abziehen und den Stielansatz sowie das Kerngehäuse wegschneiden. Wenn Braten und Zwiebeln schön braun sind, die Tomate in Stückchen geschnitten zugeben, mit etwas Wein aufgießen, weiter schmoren, bis die Flüssigkeit verdampft ist. Den Vorgang einige Male wiederholen und erst dann den verbliebenen Wein und die Brühe zugießen. Den Braten nun ca. 1½ Stunden garen. Mit der Sahne und ein wenig Wasser das Mehl glattrühren und zur Sauce mischen. Nach einem kurzen Aufkochen den Braten herausnehmen, in Scheiben schneiden und servieren. Die Sauce wird separat gereicht.

Gut zu wissen!

Dieser eingelegte Rotweinbraten ist in erster Linie in der Dürkheimer Region bekannt. Er erinnert ein wenig an „bœuf à la mode“, ein Rezept unserer französischen Nachbarn, das allerdings ohne die Möhrenfüllung auskommt. Da spielt einmal mehr die Nähe zum Nachbarland Frankreich eine Rolle, die so häufig die Pfälzer Küche beeinflusst.

Tipp

Spätzle – womöglich selbstgemachte – werden dazu serviert oder frisches Gemüse und Pfälzer Grumbeere.

Pälzer Deller

Zutaten und Zubereitung

Pro Person gehören auf jeden Teller: 1 Scheibe Saumagen, 1 Bratwurst und 1 Leberknödel. Den Saumagen sowie die Bratwurst in Butterschmalz von allen Seiten braun braten. Die Leberknödel in Fleischbrühe heiß machen. Dazu reicht man Pälzer Woikraut (siehe S. 30).
Das Kraut auf die bereitgestellten Teller häufen. Saumagen, Bratwurst und Leberknödel dazulegen. Etwas Soße über die Leberknödel schöpfen und servieren. Geeignet ist eine Braten- oder Zwiebelsauce.

Gut zu wissen, ...

... dass der Pälzer Deller je nach Region „Pälzer Platte" oder auch „Dreifaltigkeit" genannt wird. Denn drei Pfälzer Spezialitäten gehören auf den Teller: Brotworscht (Bratwurst), Saumache (Saumagen) und Lewwerknäpp (Leberknödel). Dazu kommen noch das Pälzer Woikraut (Pfälzer Weinkraut) und die Sooß (Sauce). Und einige Schnitten eines deftigen, dunklen Brotes dürfen ebenfalls nicht fehlen. Eine weniger gewaltige Portion als beim „Pfälzer Teller" wird ihnen serviert, wenn sie „Schiewe Sack" bestellen. Dieser besteht aus 1 Leberknödel, 1 Pfälzer Bratwurst und 1 Portion Pfälzer Sauerkraut. Zubereitet wird das Gericht wie beim Pfälzer Teller beschrieben. Und eine Schnitte deftigen Brotes gibt es ebenfalls.

Tipp

Der trockene Riesling, der schon für das Sauerkraut geöffnet ist, passt auch als Getränk gut zum Pälzer Deller.

Fleeschknepp

für 4 Personen

Zutaten

je 250 g Kalb-, Rind- und Schweinefleisch
2 Brötchen (vom Vortag)
2 Eier
2–3 Petersilienstängel
1 l Rindfleischbrühe
Salz, Pfeffer

Zubereitung

Das Fleisch vom Metzger durch den Wolf drehen lassen oder – falls Sie so ein gutes altes Gerät noch besitzen – selbst durchdrehen. In diesem Fall zerkleinert man am Schluss die zuvor eingeweichten und sehr gründlich ausgedrückten Brötchen gleich mit, denn so bleiben keine Fleischreste im Fleischwolf hängen. Die Eier zum Fleisch geben, ebenso die fein geschnittene Petersilie, salzen und pfeffern. Ein wenig Muskat kann dazu, muss aber nicht sein. Aus den Zutaten einen Hackfleischteig herstellen, der kühl gestellt möglichst 1 Stunde ruhen soll. Danach mit feuchten Händen eigroße „Bällcher" formen und in die schon siedende Fleischbrühe legen. In 10–15 Minuten garen und mit einem Schaumlöffel herausfischen.

Tipp

Meerrettichsahne warm:
½ Stange Meerrettich schälen und reiben. Aus 30 g Butter, 2 EL Mehl, etwa ¼ l Fleischbrühe, 1 Prise Zucker und 1 Prise Salz die Sauce bereiten, 10 Minuten leicht kochen und anschließend mit dem Meerrettich und 3 EL Crème fraîche vermischen.

Gut zu wissen!

„Fleeschknepp“ oder auch „Fleeschbällcher“ nennen die Pfälzer ihre Fleischklößchen liebevoll. Und sie werden nicht, wie das früher häufig üblich war, aus Bratenresten hergestellt, sondern aus besten, frischen Zutaten, serviert man sie doch sehr gerne als Zwischenmahlzeit bei Familienfesten und an Feiertagen. Zu den Fleeschknepp reicht man in der Pfalz allenfalls eine Schnitte Brot. Unverzichtbar hingegen war schon immer Meerrettich, egal in welcher Form – ob als Meerrettichsahne oder in Form einer warmen Meerrettichsauce.

Tipp

Meerrettichsahne kalt:
½ Stange Meerrettich schälen, reiben, mit einigen Tropfen Zitronensaft beträufeln, 1 TL Zucker zugeben, 1 Prise Salz und 2 EL Crème fraîche durchmischen.

Fleeschkiechelche

Für 4 Personen

Zutaten

375 g Rindergehacktes
(aus magerem Rindfleisch)
125 g Schweinegehacktes
2 Eier
1 Brötchen (vom Vortag)
1 Zwiebel
2 EL gehackte Petersilie
Salz, Pfeffer

Zubereitung

Das Brötchen in Wasser einweichen, aufquellen lassen und gut ausdrücken. Die Zwiebel fein hacken. Alle Zutaten in einer Schüssel vermischen, mit Salz und Pfeffer würzen. Kneten, bis ein gebundener Teig daraus geworden ist, aus dem dann mit feuchten Händen die „deutschen Beefsteaks" geformt werden. Die Größe variiert Ihrem Appetit entsprechend. In einer Pfanne mit heißem Fett rasch von beiden Seiten braun braten. Innen sollen diese Fleeschkiechelche saftig bleiben – keineswegs dürfen sie braten, bis sie innen knochentrocken sind.

Tipp

In der Pfalz reicht man gerne einen Salat dazu.

Saumache

Für 4 Personen

Zutaten

1 kleiner Saumagen
(frisch vom Metzger)
1,5 kg gekochte Kartoffeln
700 g magerer Schweinebauch
400 g Rindergehacktes
3 Eier
2–3 Zwiebeln
3 EL Butter
½ l Fleischbrühe
Salz, Pfeffer, Majoran,
Muskatnuss

Zubereitung

Die Zwiebeln in kleine Würfel schneiden und in der Butter weich dünsten, wobei sie nur glasig, aber keineswegs goldgelb oder gar braun werden sollen. Den Schweinebauch und die Kartoffeln in kleinere Würfel schneiden, in eine große Schüssel füllen und alle übrigen Zutaten dazugeben. All dies nun gründlich durchmischen und abschmecken. Der Teig soll recht kräftig gewürzt sein.

Ein Ende des Saumagens mit Küchenband fest verschließen. Die Farce einfüllen und auch das zweite Ende verschnüren. In siedendem Salzwasser 3 Stunden ziehen lassen.

Der Saumagen kann nun sofort und noch warm mit frischem Brot aufgetragen werden, oder Sie lassen ihn auskühlen, schneiden ihn in Scheiben, die in der Pfanne in Butter gebraten und zu Sauerkraut serviert werden.

Gut zu wissen, ...

... dass trotz all der leckeren Pfälzer Gerichte der Saumagen immer noch die Nummer eins in der Beliebtheit der Pfälzer Spezialitäten ist.

Aber es gibt auch Initiativen, die dafür sorgen, dass weithin für die Spezialität geworben wird. In Landau in der Pfalz etwa findet alljährlich der internationale Saumagen-Wettbewerb statt. Die Teilnehmer an diesem Wettbewerb, etwas 150 an der Zahl, sind aufgefordert, den besten, pfiffigsten und auch wohlschmeckendsten Saumagen zu kreieren. Da können auch schon mal Wild oder Fisch als Füllung dienen. Oder der Saumagen kommt in Gestalt eines Schweinskopfes daher.

Tipp

Den Saumagenrand, der jede Scheibe umschließt, mit einem scharfen Messer an drei oder vier Punkten ein wenig einschneiden, so wellt die Scheibe sich nicht hoch.

Lewwerknepp

Für 4 Personen

Zutaten

500 g Schweineleber
2 Brötchen (vom Vortag)
2 Eier
1 Zwiebel
200 g Schweinebauch
Fleischbrühe
Salz, Pfeffer, Muskat, Majoran

Für die Zwiwweelsoß
4 große Zwiebeln
100 g durchwachsener geräucherter Speck
2 EL Mehl
1–2 EL Essig
knapp 1/4 l Fleischbrühe
Salz, weißer Pfeffer

Gut zu wissen!

Zu Lewwerknepp (Leberknödeln) mit Weinkraut isst der Pfälzer gerne eine Mischung aus gerösteten Dörrfleischwürfeln und gebräunten Zwiebelringen. Die Mischung wird über den Knepp verteilt. Eine ein wenig angedickte Fleischsauce ist die zweite Variante. Oder – und das ist bei den Pfälzern ganz besonders beliebt – eine dicke, dunkel eingebrannte Zwiwwelsoß (Zwiebelsauce).

Zubereitung

Leber, Schweinebauch und Brötchen durch den Fleischwolf drehen oder schon vorher vom Metzger durchdrehen lassen. Zu dieser Mischung dann die Gewürze geben – recht kräftig gewürzt soll die Mixtur sein, die anschließend für wenigstens 1/2 Stunde kühl gestellt wird. Danach mit feuchten Händen die Klöße formen und in der siedenden Brühe 15 Minuten gar ziehen lassen.

Für die Zwiwweelsoß den Speck in kleine Würfel schneiden, unter fleißigem Rühren in der Pfanne langsam goldgelb anbraten. Die geschälten, ebenfalls gewürfelten Zwiebeln zum Speck in die Pfanne geben und bei nicht zu großer Hitze bräunen. Darüber dann das Mehl streuen und braun anschwitzen, langsam nach und nach die Fleischbrühe zugießen und dabei mit dem Schneebesen kräftig rühren, um Klümpchenbildung zu verhindern. Die Sauce noch kräftig durchkochen und mit Salz, Pfeffer und Essig abschmecken.

Schweinsbroode mit Keeschdegemies

Für 4 Personen

Tipp

Dazu schmeckt Rotkraut sehr lecker.

Zutaten

800 g Schweinebraten mit Schwarte
1 Zwiebel
1 Möhre
1/8 l Brühe
1 EL Zucker
Butter
500 g vorbereitete Esskastanien oder Maronen
Salz, Pfeffer, Majoran

Zubereitung

Den Schweinebraten mit Salz und Pfeffer bestreuen, mit der Schwarte nach unten in einen Bräter legen und mit ein wenig kochendem Wasser angießen und fünf Minuten kochen lassen. Den Braten herausnehmen und die Schwarte (nur die Schwarte!) rautenförmig einritzen. Zurück im Bräter, den Braten im vorgeheizten Backofen bei 180–200° C etwa 1½ Stunden garen. Während der Garzeit häufig mit Brühe begießen und nach halber Zeit die vorbereiteten Gemüse dazugeben und mit Majoran bestreuen. Schön knusprig wird der Krustenbraten, wenn man die Schwarte mit einem Gläschen Bier übergießt.
Für das Kastaniengemüse den Zucker in einer trockenen Pfanne langsam unter Rühren schmelzen, bis er leicht gebräunt ist, Kastanien, etwas Salz und Gemüsebrühe und Butter zugeben. Das Gemüse 10 Minuten dünsten. Wenn die Kastanien weich sind, den Topf schwenken und auf diese Weise mit der Butter-Zucker-Lösung überziehen.

Hunsrücker Spießbroode

Für 6–8 Personen

Zutaten

1½–2 kg Schweineschulter
(der Länge nach aufgeschnitten
und flachgeklopft)
3 große Zwiebeln
1 Bund Petersilie
1 Glas helles Bier
Salz, Pfeffer, Majoran

Gut zu wissen, ...

... dass der Hunsrücker Spießbraten ursprünglich nicht aus dem Bergland stammt, mit dessen Namen er in Verbindung gebracht wird. Einige Idar-Obersteiner waren nach Brasilien ausgewandert, um nach Edelsteinen zu suchen. Bei ihrer Rückkehr in die Heimat brachten sie aber nicht nur die gefundenen Edelsteine mit, sondern auch den Braten, den sie während ihrer Zeit im fremden Land kennenlernten. Bald schon war den Idar-Obersteinern der Braten so lieb geworden, dass sie ihn „Hunsrücker Spießbraten" nannten. Das Rezept wurde weitergereicht und war schon bald über das ganze Rheinland, also auch in der Pfalz bekannt. Nun ist das Idar-Obersteiner Nationalgericht weithin nicht weniger bekannt als die Edelsteinindustrie, der die Stadt ihren Ruf verdankt.

Zubereitung

Das vorbereitete Fleischstück salzen, pfeffern und mit Majoran bestreuen. Die Zwiebeln schälen und in dünne Scheiben schneiden, die Petersilie fein hacken. Beides auf dem flachen Bratenstück verteilen, aufrollen und mit einem abgebrühten Bindfaden fest zusammenbinden. Den Braten dann auf einen Grillspieß stecken und rundum mit Salz und Pfeffer bestreuen. Etwa 2 Stunden grillen und dabei immer wieder mit dem bereitstehenden Bier bepinseln, denn dadurch entsteht die wunderbar braune Kruste.

Gefillde Kalbsbrust

Für 4 Personen

Zutaten

1–1½ kg Kalbsbrust
(der Fleischer sollte die Tasche für die Füllung gleich einschneiden)
2 Brötchen (vom Vortag)
Milch zum Einweichen der Brötchen
1 Zwiebel
6 EL fein gehackte Petersilie
2 Eier
2 EL Butter
¼ l Rinderbrühe
⅛ Tasse Butter
Salz, Pfeffer, Muskatnuss

Zubereitung

Zunächst von den Brötchen die Kruste abreiben, sie sodann in Würfel schneiden und in Milch einweichen. Die Zwiebel schälen, in kleine Würfel schneiden und die Petersilie fein hacken. Beides in der Butter dünsten, bis die Zwiebel glasig geworden ist. Dazu kommen dann die zuvor gut ausgedrückten Brötchenwürfel, Salz, Pfeffer und Muskatnuss. Die Mixtur bei mäßiger Temperatur solange rühren, bis sie sich vom Pfannenboden löst. Die Pfanne vom Herd nehmen, den Inhalt etwas abkühlen lassen, ehe dann die Eier untergemischt werden. Diese Füllung bis zum Gebrauch kühl stellen.
Die Kalbsbrust mäßig salzen und pfeffern, die Mixtur einfüllen und die Tasche mit Küchengarn zunähen. Die Kalbsbrust nun in einen Bräter legen, mit der zuvor gebräunten Butter beträufeln und mit der Brühe untergießen. Im auf 180° C vorgeheizten Backofen etwa 3 Stunden lang garen. Während der Garzeit mehrmals mit Brühe übergießen.

Gut zu wissen, ...

... dass die „Gefüllte Kalbsbrust" bei den Pfälzern als Festtagsbraten gilt. Und dies nicht ganz zu Unrecht, denn schon die Zubereitung erfordert Geschick und ist auch ganz schön aufwendig. Wie man sagt, hatte die Gefüllte Kalbsbrust einen recht prominenten Liebhaber. Das war kein geringerer als Herzog Karl II. August Christian von Pfalz-Zweibrücken (1746–1795). Er war es möglicherweise auch, der diesem Braten erst zu seinem Ruf des Festtagsschmauses verhalf.

Tipp

Der Braten wird sehr kräftig, wenn die Brühe durch einen trockenen Weißwein (Riesling) ersetzt wird.

Escaloppes

Für 4 Personen

Zutaten

4 große, dünn geschnittene Kalbsschnitzel
250 g Schweineschnitzel
3–4 Stängel Petersilie
1 Zwiebel
½ l Fleischbrühe
2 EL Öl
2 EL Butter
2 EL Mehl
2 Sardellen in Salzlake
1 EL Kapern
Salz, Pfeffer

Zubereitung

Die Kalbsschnitzel flach klopfen und nebeneinander ausbreiten, sparsam mit Salz und Pfeffer würzen. Das Schweinefleisch in feine Streifen schneiden, die fein geschnittene Petersilie, eine sehr fein gehackte Zwiebel auf den Schnitzeln verteilen und nochmals mit ein wenig Salz und Pfeffer bestreuen. Das Fleisch zu Rouladen aufrollen und mit Rouladenspießen oder abgebrühtem Bindfaden fest verschließen. In einem Bräter das Öl erhitzen, die Escalopes einlegen und rundherum scharf anbraten, herausnehmen und warmstellen. Den Bratenfond mit der Fleischbrühe ablöschen. Die abgespülten und sehr fein gehackten Sardellen sowie die ebenfalls abgespülten Kapern zur Brühe geben. Die Sauce einmal kräftig aufkochen lassen und das Fleisch dazulegen. Mit Salz und Pfeffer pikant abschmecken und bedeckt 40–45 Minuten köcheln. Butter und Mehl zu Mehlbutter verkneten. Vor dem Servieren die Escaloppes von Fäden oder Spießen befreien und die Sauce mit der Mehlbutter binden.

In der Pfalz mag man dazu sehr gerne Kartoffeln egal welcher Zubereitung, weil diese sich so wunderbar dazu eignen, die Sauce aufzunehmen.

Gut zu wissen!

Während ein Nicht-Pfälzer bei „Escaloppes“ gleich an ein Schnitzel denkt – denn übersetzt heißt „Escalope“ nichts anderes als „Schnitzel“ – so weiß doch jeder Pfälzer sogleich, dass es sich bei den Pfälzer Namensvettern um Kalbsrouladen handelt. Diese sind eher mit den Schweizer Kalbsvögele verwandt – dünne, mit einer Füllung versehene und gerollte Kalbsschnitzel. So gibt es also, wie bei vielen mitteleuropäischen Gerichten, gewisse Änderungen in der Zubereitung eines ähnlichen Gerichtes.
Die hier beschriebenen Kalbsrouladen aber sind und waren schon seit jeher eine Pfälzer Spezialität. Da sollte man nie Zweifel aufkommen lassen, denn sonst würde jeder Pfälzer sofort protestieren.

Tipp

Für die Mehlbutter werden Weizenmehl und weiche Butter zu gleichen Teilen mit einer Gabel vermischt, bis eine homogene Paste entstanden ist. Die Mehlbutter zu einer Rolle formen, in Klarsichtfolie wickeln und in den Kühlschrank legen. Sie können sie auch einfrieren. So kann die gewünschte Portion jederzeit entnommen werden.

Wild in der Pfalz

Der Naturpark Pfälzerwald ist nicht nur ein wunderbares Erholungsgebiet, sondern auch ein hervorragendes Jagdrevier. Deshalb ist Wild ein traditioneller Bestandteil der Pfälzer Küche. Aus der Tatsache, dass Wild nicht in Massentierhaltung produziert werden kann, ergibt sich, dass es nur zur Jagdsaison erhältlich ist. So gibt es Hirsch- von August bis Januar, Reh- von Mai bis Januar und Hasenfleisch von Oktober bis Dezember. Nur Schwarzwild (also Wildschwein) ist ganzjährig erhältlich.

Wild ist natürlich teurer als andere Fleischarten, aber es besitzt auch wesentliche Vorzüge. Einer davon ist, dass das Wild in natürlicher Umgebung artgerecht leben kann, bis es erlegt wird. Die Jagd selbst ist eine Notwendigkeit, um den Wald zu erhalten, der sonst dem Wildfraß zum Opfer fallen würde. Genau wie bei anderen Lebensmitteln gibt es auch beim Wild strenge Qualitätskontrollen. Sogar auf Radioaktivität wird Wildfleisch untersucht, bevor es in den Verkauf kommt. Leider hat das Reaktorunglück von Tschernobyl auch in der Pfalz Fallout hinterlassen, der sich auch fast dreißig Jahre später noch bemerkbar macht.

Früher legte man Wild gern in Buttermilch ein, um zähes Fleisch mürbe zu machen. Das ist heute weniger erforderlich, weil die moderne Kühltechnik es erlaubt, das Fleisch reifen zu lassen. Ich selbst lege allerdings Wild immer gerne in eine Rotweinmarinade. Dies macht das Fleisch nicht nur zusätzlich zart, sondern akzentuiert meiner Ansicht nach auch den Wildgeschmack in sehr vorteilhafter Weise. Nicht zu vergessen, dass ich auf Grundlage der Marinade eine besonders kräftige Sauce erhalte!

Wilde Wutz mit Keeschde

Für 4 Personen

Zutaten

1 kg Wildschweinfleisch (Keule oder Schulter)
2 Zwiebeln
1 Knoblauchzehe
2 EL Sonnenblumenöl
¾ l trockener Dornfelder
2 EL Mehl
8 Wacholderbeeren
1 TL Majoran
1 Lorbeerblatt
1 Nelke
Salz, Pfeffer

Für das Kastaniengemüse
500 g Esskastanien
2 EL Butter
Salz, Pfeffer

Zubereitung

Das Fleisch in mundgerechte Stücke schneiden und im Mehl wenden. In einem Bräter das Öl bis zum Rauchen erhitzen und die Fleischstücke portionsweise rundherum anbraten, salzen, pfeffern – zur Seite stellen. Zwiebeln und Knoblauch fein gehackt im Bräter glasig dünsten, den Rotwein nach und nach zugießen und dabei den Bratfond vom Topfboden lösen. Die Fleischstücke und die vorbereiteten Gewürze zugeben – bedeckt 1½ Stunden garen. Die Keeschde wie auf Seite 29 beschrieben vorbereiten oder fertig im Handel kaufen. In einem separaten Topf die Butter erwärmen, die Kastanien darin schwenken, sparsam salzen und pfeffern. Zu dem fertigen Wildschweinragout geben und 5 Minuten mit durchziehen lassen.

Dippehas

Für 4 Personen

Zutaten

1 Hase (küchenfertig)
250 g Schweinebauch
3 EL Olivenöl
3/4 l trockenen Dornfelder aus der Pfalz
1/8 l Wildfond
2 Zwiebeln
1 Knoblauchzehe
2 Möhren
ca. 100 g Sellerieknolle
2 Lorbeerblätter
2 Nelken
6 Wacholderbeeren
3 Pimentkörner
1 Scheibe Schwarzbrot
Salz, Pfeffer

Zubereitung

Den Hasen in 8 oder 10 Stücke zerlegen und beiseite stellen. Den Backofen auf 180° C vorheizen. Den Schweinebauch in Würfel schneiden. Zwiebeln und Knoblauch schälen und in Stückchen schneiden. In einem Bratkessel 2 EL Öl erhitzen und darin die Bauchwürfel anbraten, Zwiebeln und Knoblauch dazugeben und mitschmoren, bis beides glasig ist. Nachdem man dieses Gemisch aus dem Topf gekratzt hat, das restliche Öl darin erhitzen und die Hasenstücke anbraten. Indes die Möhren putzen und Sellerie schälen, beides in Stifte schneiden. Wenn die Hasenstücke von allen Seiten gebräunt sind, gibt man die vorbereiteten Gemüse dazu, salzt und pfeffert. Dann die Gewürze zugeben sowie die zerkrümelte Schwarzbrotscheibe. Das Ganze mit Fond und Wein untergießen und 1½ Stunden bei 180° C im Backofen fertig schmoren.
In der Pfalz mag man gerne Bandnudeln zum Dippehas.

Gut zu wissen!

Das Pfälzer Wort „Dippehas“ ist erklärungsbedürftig. „Dippe“ bezeichnet einen Topf, und in diesem Fall wird darin halt der Hase zubereitet. „Dippehas“ heißt also nichts anderes als „Topfhase“.

Hasenpastete à la Slevogt

Für 4 Personen

Zutaten

2 Hasenrücken
2 Hasenschlegel
1,5 kg frischer Schweinebauch
1 Gänseleber
5 mittelgroße, fein gehackte Schalotten
3 große Eier
1 Stängel Petersilien (fein gehackt)
2 EL Pastetengewürz
etwas Öl
Salz, Pfeffer
3/4 l Brühe (aus Rindfleisch und Kalbsknochen gekocht)
500 g Blätterteig

Gut zu wissen!

Max Slevogt arbeitete nicht nur als Maler, sondern gleichermaßen als Illustrator, Grafiker und Bühnenbildner. Stark beeinflussten ihn seine zahlreichen Reisen sowie seine Arbeit als offizieller Kriegsmaler an der Westfront. Neben seinen Landschafts- und Portraitmalereien sind seine Buchillustrationen sehr bekannt, beispielsweise zu Ali Baba, Lederstrumpf und der Insel Wak-Wak. Die Verbindung Slevogts zur Pfalz besteht darin, dass er die Sommermonate regelmäßig auf seinem Gut Neukastel verbrachte, das über dem Weindorf Eschbach in der Südpfalz liegt.

Zubereitung

Die Knochen aus dem Hasenrücken lösen, das Fleisch mit etwas Öl bestreichen und zur Seite stellen. Die Schlegel ebenfalls entbeinen, mit Schweinebauch, Schalotten und Petersilie durch den Fleischwolf drehen, wobei als Vorsatz die feinste Scheibe dient. Dazu dann 2 Eier und die Gewürze mischen. Eine Pastetenform mit Blätterteig auslegen, die Hälfte des Fleischteiges einfüllen, die Hasenziemer, nachdem das Öl abgetupft wurde, einlegen und ebenfalls die in Scheiben geschnittene Gänseleber. Darüber kommt dann der restliche Pastetenteig. Obenauf den Blätterteigdeckel legen und die Teigenden mit einem verquirlten Ei verschließen. Mit dem restlichen Ei bestreicht man den Teig. In die Mitte des Teigdeckels nun ein Loch stechen und dahinein die Fleischbrühe gießen. Im Backofen bei 230° C backen. Sobald der Deckel bräunt, die Hitze zurücknehmen und die Pastete bei 180° C fertigbacken. Die Backdauer beträgt 1 1/2 Stunden.

Tipp

Diese köstliche Pastete sollte 3–4 Tage im Voraus zubereitet werden, damit sie durchziehen kann.

Gockel in Woi

Für 4 Personen

Zutaten

1 frisches Hähnchen
125 g Champignons
1 kleine Zwiebel
40 g Butter
1/8 l trockenen Weißwein
1/8 l Sahne
Salz, Pfeffer

Zubereitung

Die Zwiebel schälen und in Würfelchen schneiden, das Hähnchen vierteln. Die Pilze säubern und in Scheiben schneiden. In der heißen Butter zunächst die Hähnchenstücke rundherum anbraten, herausnehmen, salzen und pfeffern. Die Zwiebelwürfel im gleichen Fett dünsten, bis sie glasig geworden sind. Den Gockel zurück in den Bratkessel legen, den Wein angießen und 1/2 Stunde dünsten. Indessen in ein wenig Butter die Pilze anschmoren und zur Seite stellen. Nun den Hahn aus dem Topf nehmen, mit einer Gabel den Bratfond vom Topfboden lösen, die Sahne zugießen und unter Rühren kräftig durchkochen. Wenn erforderlich, die Sauce mit etwas Mehlbutter legieren, ehe der Gockel und die Pilze dazukommen. Eventuell nachwürzen und auch noch einen Schluck Wein nachgießen. Den Gockel mit einem Teil der Sauce überziehen, den Rest gesondert auftragen.

Gut zu wissen, ...

... dass es sich beim Gockel in Woi nicht um ein ähnliches oder gar das gleiche Hähnchen in Wein handelt, das in der französischen Küche als „coq au vin" angeboten wird. Obwohl in beiden Fällen ein junger Hahn als Grundlage dient, sind sowohl die Zutaten als auch die Zubereitung sehr unterschiedlich. Während die Franzosen ihr Gericht mit rotem Wein verfeinern, verwenden die Pfälzer Weißwein. Ein trockener Riesling oder ein ebensolcher Silvaner sind geeignet.
Unsere französischen Nachbarn essen gerne ein Stück Baguette als Beilage – auch um die köstliche Sauce aufzuwischen. Die Pfälzer lieben, was sonst schon, Grumbeere als Beilage. Kleine, frische Kartoffeln passen sehr gut dazu und ganz gewiss ein Gläschen oder zwei von dem Wein, den Sie schon für die Zubereitung verwendet haben.

Aus den Flüssen, aus den Seen

Die Fischerei hat in der Pfalz eine jahrhundertealte Tradition, und zwar einerseits durch den Rhein, der äußerst fischreich war, und zum anderen durch die zahlreichen Fischteiche. Die vielen Flüsse und Bäche, die im Pfälzerwald aus der Erde sprudeln, wurden häufig zu Fischteichen aufgestaut. Freilich sind viele, wenn auch nicht alle, dieser Zuchten inzwischen aufgegeben, aber dennoch bieten viele Restaurants weiterhin, die alte Tradition wahrend, vielerlei Fischgerichte an.

In alten Pfälzer Städten entlang des Rheins – wie beispielsweise Speyer – lebten Berufsfischer über Jahrhunderte vom Fischfang. Davon zeugt in Speyer noch heute die Fischergasse. Der Rhein war zu dieser Zeit nicht nur reich an Fischen, sondern auch die Artenvielfalt war erstaunlich. Von besonderer Bedeutung waren dabei der Aal und der Lachs. Als Zeugnis dieser Tradition findet man am südlichen Ende der Rheinpromenade den „Aalschocker Paul". Dieses stählerne Fischerboot, gebaut im Jahre 1926, war noch bis 1965 in Betrieb, als der letzte Fischer aus Speyer verschwand. Der Fischbestand im Rhein war zu dieser Zeit durch die Industrieabwässer nicht nur weitgehend verschwunden. Was noch gefischt wurde, war durch die Industriegifte schlicht und einfach ungenießbar geworden. Der Fisch stank!

Heute findet man entlang des Rheines wieder Lokale, die nach alter Tradition auf Fischgerichte spezialisiert sind. Das ist möglich, weil sich die Fischbestände im Rhein wieder erholt haben und etliche Fischarten wie Aal, Barbe, Brassen, Döbel, Flussbarsch, Karausche, Karpfen, Kaulbarsch, Nase, Rapfen, Rotauge, Rotfeder, Schleie, Schneider, Uckelei, Wels und Zander hier wieder gefischt werden. So können auch die traditionellen Fischerfeste – heute Bratfischfeste genannt – mit einem tollen Angebot an Backfischen wieder stattfinden. Und die Gaststätten mit einen erfreulich großen Angebot an heimischem Fisch, nach traditioneller Art zubereitet, sind für einen Ausflug immer ein attraktives Ziel.

Aal auf Weinkraut

Für 4 Personen

Zutaten

1 Aal (küchenfertig und ca. 1 kg schwer)
500 g Sauerkraut
4 EL Butter
1 Zwiebel
1 Lorbeerblatt
6 Wacholderbeeren
100 ml trockenen Riesling
100 ml Fischfond
Salz, Pfeffer

Gut zu wissen!

Fisch mit Weinkraut wird im Elsass sehr gerne gegessen. Nicht nur mit Aal, wie in diesem Rezept, sondern häufig auch mit Lachs und auch in Verbindung mit einer Fischplatte. Ein weiteres Gericht also, das unseren Französischen Nachbarn abgeschaut ist. Die Kombination aus Fisch und Weinkraut schmeckt ganz hervorragend, wenn man das Sauerkraut sehr gründlich wäscht und die überschüssige – saure – Flüssigkeit herauspresst. Das Ergebnis ist ein nur dezent saures, sehr mildes Weinkraut.

Zubereitung

Das Sauerkraut abspülen und mehrmals ausdrücken, indem man es mit den Handballen kräftig presst, um die Säure zu entfernen. Die Zwiebel schälen und in feine Würfel hacken. In einem Schmortopf 1 EL Butter erhitzen, die Zwiebel hineingeben und andünsten, ohne dass sie Farbe annimmt. Das Sauerkraut zugeben, mit Wein und dem Fischfond untergießen, salzen und pfeffern. Lorbeerblatt und Wacholderbeeren einlegen und 45 Minuten auf kleiner Flamme kochen lassen. Den Aal in 6–8 cm lange Stücke teilen, mit Zitronensaft beträufeln, mit Salz und Pfeffer würzen, auf dem Sauerkraut verteilen. Mit der restlichen in Flöckchen geschnittenen Butter bedecken und bei 200–220° C zugedeckt 20 Minuten im Backofen garen.

Tipp

Dazu schmeckt ein trockener Riesling, wie Sie ihn auch schon für das Weinkraut verwendet haben.

Kabeljau mit Senfsauce

Für 4 Personen

Zutaten

4 Kabeljaufilets
1 Schalotte
3 EL Butter
1 EL Zitronensaft
1/4 l Fischfond
1/8 l trockenen Riesling
125 g Crème fraîche
3 EL milden Senf
1 Prise Zucker
Salz, Pfeffer

Zubereitung

Den Fisch einmal kurz unter fließendem Wasser abspülen, auf Küchenkrepp legen, trocken tupfen, mit dem Zitronensaft beträufeln, salzen und pfeffern. Wein und Fischfond in einen Topf gießen und zum Kochen bringen, die Fischfilets einlegen und ziehen lassen – nicht länger als etwa 7–8 Minuten. Indes die Senfsauce zubereiten: Die Schalotte schälen und sehr fein hacken. Die Butter in einem kleinen Topf erhitzen und darin die Würfelchen glasig dünsten. 5 EL Fischsud mit der Crème fraîche verquirlen und diese Mixtur zu der Schalotten-Buttermischung geben. Unter fleißigem Rühren zum Kochen bringen und leise köcheln, bis die Sauce einen Löffel überzieht. Den Topf vom Feuer nehmen, den Senf einrühren und mit Salz, Pfeffer und Zucker pikant abschmecken. Den Fisch aus dem Fond nehmen und auf einer vorgewärmten Platte anrichten, mit einem Teil der Sauce überziehen und den Rest gesondert reichen.

Tipp

Frische, mit Petersilie garnierte Salzkartoffeln passen gut zu diesem Fischgericht. An Stelle des Kabeljaus kann Schellfisch, Rotbarsch oder ein anderer Kochfisch genommen werden.

Forelle in Rotwein

Für 4 Personen

Zutaten

1 küchenfertige Forelle
pro Person (ca. 300 g)
200 g Champignons
2 Zwiebeln
1 Knoblauchzehe
2 Möhren
2 EL Butter
1 Flasche trocknen Dornfelder Rotwein
1 EL Butter
1 EL Mehl
Salz, Pfeffer

Gut zu wissen!

Im Pfälzer Wald findet man einige Forellenzüchter, sodass es möglich ist, die Fische direkt aus dem Teich ganz frisch auf den Tisch zu bringen.

Tipp

Wer eine glatte Sauce vorzieht, kann die mitgekochten Gemüse passieren.

Zubereitung

Unter fließendem Wasser die Fische waschen, auf Küchenpapier legen und trocken tupfen. Die Champignons mit einem feuchten Tuch abreiben, die erdigen Stielansätze abschneiden und die Pilze fein hacken. Eine der Zwiebeln und den Knoblauch schälen und ebenfalls fein hacken. In einer Pfanne 2 EL Butter erhitzen und Champignons, Zwiebel und Knoblauch gar dünsten, mit Salz und Pfeffer würzen und diese Farce in die Fische füllen. Diese werden nun nebeneinander in eine ofenfeste Form gelegt und mit Salz und Pfeffer gewürzt. Die verbliebene Zwiebel schälen und in Ringe schneiden, die Möhren säubern und in feine Scheibchen schneiden. Beides auf den Forellen verteilen, den Wein darübergießen und die Form im auf 180° C vorgeheizten Backofen ca. 30 Minuten garen. Die Forellen sind gar, wenn sich die Rückenflosse leicht ablösen lässt. Den Fisch auf einer Platte anrichten und warm stellen. Die Garflüssigkeit zum Kochen bringen. Leise weiterkochen, bis sie um die Hälfte reduziert ist. 1 EL Butter und 1 EL Mehl zu Mehlbutter verkneten, in die Sauce einrühren und nochmals kurz aufkochen. Mit einem Teil dieser Sauce überzieht man den Fisch, der Rest wird getrennt gereicht. Petersilienkartoffeln ergänzen das Gericht.

Rheinsalm

Für 4 Personen

Zutaten

1 kg Lachs
2 l Wasser
½ l trockenen Riesling
2 Schalotten
1 Möhre
1 kleine Lauchstange
1 Stückchen Sellerieknolle
1 Petersilienwurzel mit Grün
2 Lorbeerblätter
3 Nelken
10 Pfefferkörner
½ TL Senfkörner
je 1 Messerspitze Thymian, Estragon, Majoran und Muskatblüte

Zubereitung

Die klein geschnittenen Gemüse und die Gewürze in einem großen Topf mit Salzwasser 1 Stunde kochen. Den Wein zugießen, nochmals zum Kochen bringen, die Hitze reduzieren, 15 Minuten auf kleinster Flamme mehr ziehen als kochen lassen. Den Sud vor der Weiterverwendung durch ein Sieb gießen. Den Fisch in etwa 5 cm dicke Scheiben schneiden, in einen Topf legen und mit dem kochenden Sud übergießen. Den Fisch 10–15 Minuten auf kleiner Flamme garen.
Mit keinen Petersilienkartoffeln und Buttersauce servieren.

Gut zu wissen!

Seit dem 12. Jahrhundert wurden Lachse im Rhein gefangen, die deshalb als „Rheinsalm" bezeichnet wurden. Der Atlantische Lachs – lateinisch: salmo salar – wanderte zum Laichen an den Oberrhein. Der Rhein galt in vergangenen Zeiten als der bedeutendste Lachsfluss Europas, aus dem in Spitzenjahren 250000 Lachse gefischt wurden.
Mit der Industrialisierung begann der Rhein kontinuierlich zu verschmutzen.
Infolge des Projekts „Lachs 2000" ist der Lachs heute wieder im Rhein heimisch.

Dampfnuddle oder Haaweknepp

Die Dampfnudel ist ein fester Bestandteil der traditionellen Pfälzer Küche. Genauso wie Saumagen findet man Dampfnudeln nicht außerhalb der Pfalz – oder jedenfalls außerhalb Bayerns. (Die Pfalz gehörte ja lange zu Bayern.) Bei Dampfnudeln handelt es sich um Hefeklöße, die jedoch nicht im Siedewasser gegart werden, sondern in einer speziellen Dampfnudelpfanne (siehe Rezeptteil) bereitet werden. Obwohl es inzwischen vielerlei Varianten für Zutaten und Zubereitung gibt, sind nach wie vor die Salzkrustigen die beliebtesten Dampfnudeln. Die Pfälzer mögen ihre Dampfnudeln am liebsten als Süßspeise, also mit Weinsauce, Vanillesauce oder Dörrobst.

Wir können nicht nachvollziehen, wann genau und wer die ersten dieser üppigen Hefeklöße „erfunden" hat. Etwas weiterhelfen kann uns das große „Wörterbuch der Deutschen Sprache", das die Gebrüder Grimm 1854 zu erarbeiten begannen. Dort findet man einen – wenn auch nur recht kurzen – Eintrag, der der Dampfnudel gewidmet ist. Hier wird auf frühere Werke wie „Der teutschen Sprache Stammbaum und Fortwachs" hingewiesen. Dieses Werk von Kaspar Stieler (1632–1707), das 1691 erschien, weist unter dem Stichwort „Nudeln" auf „Dämpfnudeln" hin, die lateinisch als pemmata vaporata umschrieben werden: „gedämpfte Kuchen". Möglichweise wurden Dampfnudeln aber schon zubereitet, lange bevor Stieler sie in seinem Wörterbuch festhielt.

Die Pfälzer Dampfnudeltore

Die Pfalz kann gleich mit zwei dieser originellen Bauwerke aufwarten. Eines befindet sich in Kandel und ein weiteres in Freckenfeld. Jedes dieser Tore ist mit mehr als 1000 steinernen Dampfnudeln verziert. Um das Freckenfelder Tor rankt sich eine Geschichte, die sich im Dreißigjährigen Krieg (1618–1648) zugetragen haben soll: „Im Dreißigjährigen Krieg stellte eine schwedische Reiterschwadron, eine hohe Geldforderung an die Bürger der besetzten Stadt. Bei Nicht-Erfüllung wurden Plünderung und Mord angedroht. Eine Abordnung konnte aber beim schwedischen Hauptmann erreichen, dass die Forderung abgemildert wurde. Die Bevölkerung sollte vom Unheil verschont werden, wenn er und seine Soldaten so verköstigt würden, dass allesamt voll zufrieden seien. Der Bäckermeister Johannes Muck trat nun in Aktion. Mit seinem Gesellen buk er Dampfnudeln und wies gleichzeitig seine Frau und die Magd an, einen großen Kessel Sauce zuzubereiten, die kräftig mit Wein gewürzt sein sollte. Es wurden 1286 Dampfnudeln gebacken ... Die Reitersleut waren mit dem Gericht sehr zufrieden und verschonten das Dorf von weiterem Unheil."

Im Jahre 1716, also lange nach den Kriegsereignissen, wurde zum Dank an diese Tat das Freckenfelder Dampfnudeltor erbaut, bestückt mit eben diesen 1286 in Stein gemeißelten Dampfnudeln.

Die traditionellen Salzkrustigen

Für 4 Personen

Zutaten

500 g Mehl Typ 405
1/4 l Wasser
25 g Hefe
1 TL Salz
5 EL Sonnenblumenöl

Zum Garen
1/8 l Wasser (die Flüssigkeit soll einen Finger hoch im Topf stehen)
1 TL Salz
2 EL Sonnenblumenöl oder Schmalz

Gut zu wissen!

Die klassischen Dampfnudeln, wie die Pfälzerinnen und Pfälzer sie seit eh und je zubereiten, zeichnen sich durch die kräftige Salzkruste aus, die sich am Boden der Pfanne bildet. Der kleine Unterschied zwischen damals und heute besteht darin, dass früher Schmalz zum Backen verwendet wurde, das in der heutigen Zeit – auch weil tierische Fette als ungesund gelten – durch Öl ersetzt wird.

Zubereitung

Mehl und Salz in der Backschüssel vermischen, mitten hinein ein Grübchen drücken, die Hefe hineinbröckeln und mit etwas warmer Milch begießen. Dies kurz stehen lassen, dann löst die Hefe sich ganz einfach durch Umrühren mit einer Gabel auf. Mit einem Tuch bedeckt an einem warmen Ort oder im ganz leicht erwärmten Backofen 15–20 Minuten gehen lassen. Der Hefehügel muss deutlich aus dem Mehlring herausgewachsen sein, ehe die Arbeit weitergehen kann. Nun die übrigen Zutaten – alles leicht erwärmt – zugeben. Mit den Knethaken des Handrührgerätes oder (wer das bevorzugt) mit der Küchenmaschine den Teig bearbeiten, bis er matt und elastisch ist. Die Fingerprobe machen: Man steckt den Finger in den Teig: Wenn die Kuhle sich sogleich wieder schließt, ist der Teig in Ordnung und kann, leicht mit Mehl bestäubt, erneut zum Aufgehen an einen warmen, zugfreien Ort wandern.
45 Minuten oder auch länger braucht es nun. Er sollte sich deutlich vergrößert haben, ehe er weiterverarbeitet werden kann. Den Ballen mit den Fingern auseinanderziehen, bis er etwa 2 Finger dick ist, mit dem Ausstechring oder einem passenden Glas unter Hinzunahme von ein wenig Mehl Teiglinge von etwa 6 cm Durchmesser ausstechen. Ein Brett mit Mehl bestäuben, die Stücke daraufsetzen, wiederum mit einem Tuch bedeckt 20–30 Minuten gehen lassen. Nun kommt der wichtigste Teil: Zum Aufziehen der Dampfnudeln zunächst das Fett in die Pfanne geben und auf dem Boden sorgfältig verteilen.

Nun das Salz darüberstreuen, dann erst das Wasser zugießen und zum Kochen bringen. Nun dahinein die Dampfnudeln setzen, und zwar so, dass sie einander nicht berühren. Deckel drauf, einmal aufkochen, die Hitze reduzieren, sodass es nur ganz leicht blubbert und 25–30 Minuten in aller Ruhe abwarten. Zunächst geschieht das Garen durch den entstehenden Dampf. Wenn das Wasser verdampft ist, garen die Dampfnudeln im Fett und bekommen so ihre braune Kruste. Wenn Sie eine Pfanne mit Glasdeckel gewählt haben und den Vorgang beobachten können, ist die Sache eher einfach. Ohne den Blick auf die Dampfnudeln wird es etwas schwieriger, den rechten Zeitpunkt zu erwischen, um den Deckel zu lüften. In diesem Fall achte man auf das Geräusch: Wenn das Wasser verdampft ist, wird aus dem Blubbern ein Zischen, das beim Braten entsteht. Wenn es also zu zischen beginnt, sind die Dampfnudeln in 2 oder 3 Minuten fertig. Ein Restrisiko können die besten Ratschläge niemals verhindern, aber beim zweiten, dritten Mal klappt's dann schon perfekt.

Dessertdampfnudeln

Für 4 Personen

Zutaten

500 g Mehl
100 g Butter
2 Eier
75 g Zucker
20 g Hefe
1/8 l Milch
1 TL Salz

Für den Guss
1/4 l Milch
2 EL Butter
2 EL Zucker
1 Prise Salz

Gut zu wissen!

Durch meine Experimente mit Dampfnudeln kam ich auf die Idee, für Desserts eine kleine Variante zu entwickeln. Die Kleinen, die in einem Butter-Milchguss gegart werden, sind köstlich zu Kompott und Fruchtsaucen. Zu beachten ist, dass Dampfnudeln, wie alle Klöße, arg „durstig" sind, sprich viel Sauce benötigen.

Tipp

In einer üppig mit Butter ausgestrichenen Pfanne kann man die kleinen Nudeln ebenso wie Buchteln im Backofen bereiten.

Zubereitung

Das Mehl in eine ausreichend große Backschüssel füllen und in die Mitte ein Grübchen drücken. Die Hefe hineinbröseln und mit ein wenig lauwarmer Milch unter Zuhilfenahme einer Gabel eine sämig-flüssige Masse rühren. Die Mischung mit Mehl überstäuben, die Schüssel mit einem Tuch bedecken und an einem mäßig warmen Ort 15–20 Minuten oder bis aus dem Mehl ganz deutlich ein Hügel herausragt, aufgehen lassen. Nun die lauwarme Mischung aus der restlichen Milch, der Butter, den Eiern, dem Zucker und dem darin aufgelösten Salz zugeben und mit dem Knethaken des Handrührgerätes verarbeiten, bis ein Teig entstanden ist, der sich vom Rand der Schüssel löst und glatt und matt ausschaut. Auch diesen Teig zugedeckt und mäßig warm gestellt aufgehen lassen, bis er das doppelte Volumen erreicht hat. Je nach Zimmertemperatur kann dies eine Stunde oder auch länger dauern. Den Teig flachklopfen, bis er 2 cm dick ist, und 6 cm große Kreise herausstechen, auf einem bemehlten Brett nochmals üppig aufgehen lassen.
In einem Topf oder einer Pfanne mit Deckel die Zutaten für den Guss heiß werden lassen, die Teiglinge mit ein wenig Abstand hineinsetzen, mit einem Deckel dicht verschließen, zum Kochen bringen und 25–30 Minuten auf kleiner Flamme leise kochen. Die Dampfnudeln sind fertig, wenn alle Flüssigkeit verkocht ist und sich am Pfannenboden eine Kruste gebildet hat.

Schnitzknopp

Für 4 Personen

Zutaten

500 g Mehl
100 g Butter
75 g Zucker
1 Prise Salz
20 g Hefe
1 TL abgeriebene Schale einer unbehandelten Zitrone
knapp 250 ml Milch
500 g Dörrobst
3–4 EL Zucker

Zubereitung

Den Hefeteig zubereiten, wie auf S. 66 unter „Dessertdampfnudeln" beschrieben. Das Dörrobst unterdessen in einem großen Topf zusammen mit dem Zucker und so viel Wasser aufsetzen, dass das Obst etwas mehr als zur Hälfte bedeckt ist. Den aufgegangenen Hefekloß in die Mitte des Obstes setzen. Den Topf mit seinem Deckel fest verschließen, zum Sieden bringen und auf kleinster Stufe leise vor sich hinköcheln lassen. Nach 45 Minuten sind Kloß und Obst bereit zum Verzehr. Der Schnitzknopp wird in Scheiben geschnitten und umrandet vom Dörrobst serviert.

Gut zu wissen, ...

... dass der Schnitzknopp nichts anderes als eine große Dampfnudel ist. Er besteht aus einem süßen Hefeteig, der in dieser Form eines großen Kloßes in der Südwestpfalz zu Hause ist. Und er wird zusammen mit dem Dörrobst, das dazu gegessen wird, in einem Topf gegart. Das Wort „Schnitzknopp" setzt sich zusammen aus „Schnitzen" (Schnitzel, Scheibchen, aus Äpfeln oder Birnen bestehend) und der Pfälzer Bezeichnung „Knopp" für „Knopf".

Flammekuche

... sind ursprünglich eine mittelalterlich-fränkische Spezialität. Lange vor der Erfindung des modernen Backofens wurden schon Flammkuchen gebacken – nur damals in gemauerten Steinbacköfen. Diese dünnen, knusprigen Fladen haben also Tradition. Ihre Entstehung reicht sogar bis ins 4. Jahrhundert zurück. Die Franken, die Gebiete links des Rheines besiedelten und für die Gründung des fränkisches Reiches (des heutigen Frankreichs) verantwortlich sind, kannten schon Flammkuchen – wenn auch noch nicht in der heutigen Form. Um sicherzustellen, dass der angeheizte Steinbackofen die richtige Temperatur erreicht hatte, schob man zu Testzwecken kleine Teigstücke in den Ofen. Wurden sie zu langsam braun, so wusste man, dass der Ofen noch nicht die richtige Temperatur erreicht hatte, um das Brot zu backen. Ging es zu rasch, so war der Ofen zu heiß. Die kleinen Fladen hatten zunächst auch keinerlei Belag. Erst langsam kamen die Frauen darauf, die Stücke mit Resten, die die Speisekammer gerade bot, zu belegen. Und so entwickelte sich über Jahrhunderte der Knusperkuchen, den wir heute kennen und gerne in fröhlicher Runde mit einem Glas Wein genießen.

Übrigens ist es nicht von der Hand zu weisen, dass Flammkuchen und Pizza zu derselben Speisenfamilie gehören. So bezeichnen die Elsässer ihre „tarte flambée" auch gerne als „vieille pizza", also sozusagen als Ur-Pizza.

Flammekuche

Für 4 Personen

Zutaten

350 g Mehl
½ Würfel frische Hefe (21g)
oder ½ Päckchen Trockenhefe
4 EL Sonnenblumenöl
1 TL Salz
⅛ l lauwarmes Wasser

Für den Belag
1 Becher Crème Fraîche
200 g Zwiebeln
Ziegenfrischkäse, Münster oder
ein anderer Käse nach Wahl
125 g geräucherter Speck

Tipp

Dies ist nur eine Möglichkeit, den Flammkuchen zu belegen. Seien Sie ruhig kreativ und finden Ihren eigenen Lieblingsbelag.

Zubereitung

Das Mehl in eine Schüssel füllen, in die Mitte eine Kuhle drücken und die Hefe hineingeben. Mit ein wenig warmem Wasser übergießen und mit einer Gabel verrühren. Mit einem Tuch bedeckt muss dieser Vorteig an einem warmen Platz etwa 20 Minuten aufgehen. Wenn der Hügel, der aus dem Mehlring herausragt, Risse zeigt, ist es soweit. Öl, Salz und das verbliebene warme Wasser zugeben und mit dem Knethaken des Handrührstabes erst auf kleiner Stufe, schließlich mit voller Kraft den Teig bearbeiten, bis er elastisch ist und sich von der Schüssel löst. Den Teig mit ein wenig Mehl bestäuben und nochmals von Hand durchkneten. Nun muss er nochmals aufgehen, bis sich sein Volumen verdoppelt hat. Je nach Jahreszeit und Temperatur kann dies 20–30 Minuten dauern, aber auch länger. Dann einen sehr dünnen Boden ausrollen, auf dem Backblech auslegen, an den Rändern festdrücken und belegen: Zunächst die Crème Fraîche auf dem Boden verteilen, dann den gewürfelten Speck, den Käse in Scheibchen und die dünn geschnittenen Zwiebeln. Anschließend den Kuchen im vorgeheizten Backofen bei 250° C knusprig backen. Diese Zeit ist sehr abhängig von dem benutzten Backofen. Brot- oder Flammkuchenbacköfen schaffen es in 2–3 Minuten, im normalen Backofen kann es schon mal 10–15 Minuten dauern. Im letzteren Fall sollte der Belag üppiger ausfallen, damit der Flammkuchen nicht trocken wird.

Lauchkuche

Für eine Backform von 28 cm Ø

Zutaten

Zutaten für den Teig
250 g Mehl
125 g Butter
½ TL Salz
1–2 EL kaltes Wasser

Für die Füllung
250 g geräucherter durchwachsener Speck
1 kg Lauch
75 g Butter
¼ l Sahne oder ein Milch-Sahnegemisch
3 Eier
Salz, Pfeffer

Zubereitung

Die Zutaten für den Teig vermengen, in Folie einschlagen und für wenigstens ½ Stunde in den Kühlschrank legen.
Danach den Teig ausrollen, in eine gefettete Springform legen und einen Rand hochziehen und festdrücken.
Dann den Speck in kleine Würfel schneiden und in 2 EL Butter in einer Pfanne auslassen. Den Lauch waschen, trocknen, in feine Ringe schneiden und in der Speckpfanne 10 Minuten andünsten. Dieses Lauch-Speckmasse auf dem Boden verteilen und im auf 200° C vorgeheizten Backofen 10 Minuten vorbacken. Sahne, Eier und Gewürze tüchtig verquirlen und den Lauchkuchen damit übergießen. Für etwa 30 Minuten zurück in die Backröhre stellen und fertigbacken. Heiß in Stücke geteilt servieren.

Frisch gebacken auf den Tisch

Die Tradition des Sonntagskuchens lebt in den Pfälzer Haushalten weiterhin fort. All die leckeren Pfälzer Kuchenrezepte, die schon die Groß- und Urgroßmütter gebacken haben, werden von Generation zu Generation weitervererbt. Hefekuchen wie Rahmkuchen, Streuselkuchen, „Quetschekuche" (also Pflaumenkuchen), Rhabarberkuchen mit Baiserhaube, Schneckennudeln (andernorts auch Rosenkuchen genannt) stehen dabei ganz oben auf der Beliebtheitsskala. Sie werden von allerlei Napfkuchen gefolgt, vor allem dem „Pfälzer Gugelhupf". Ganz besondere Aufmerksamkeit verdient der Rotweinkuchen, ein sehr leckeres Backwerk! Und da die Pfälzer eine Vorliebe für weißen Käse haben, wird auch der Käsekuchen geschätzt, der auf keiner Kaffeetafel fehlen darf und ohne Boden gebacken wird.

Aber Kuchen werden nicht nur an Sonntagen gegessen, auch zu Geburtstagen wird fleißig gebacken, denn die Pfälzerinnen lieben ihren Geburtstags-Kaffeeklatsch. Da kann das Feiern dann leicht einmal bis in die späte Nacht dauern. Wenn alle Gratulanten und Gratulantinnen dem Kuchen ausreichend zugesprochen haben, wird die Feier mit Sekt, Wein oder Hochprozentigerem fortgesetzt.

Auch auf den zahlreichen Pfälzer Weinfesten darf Kuchen keinesfalls fehlen, denn selbst im Weinland Pfalz trinkt nicht jeder am frühen Nachmittag gleich einen Schoppen. Die beim Kuchenverkauf erzielten Einnahmen kommen in der Regel einem wohltätigen Zweck zugute.

Pälzer Mandelplatte

Für 1 Backblech 40 x 34 cm

Zutaten

¼ l süßer Rahm
250 g Zucker
500 g Mehl
4 Eier
1 Päckchen Vanillezucker
1 Päckchen Backpulver
¼ TL Salz

Für den Guss
125 g Butter
250 g Zucker
1 Päckchen Vanillezucker
4 EL Rahm
250 g gestiftelte Mandeln oder Mandelblätter

Zubereitung

Die Zutaten für den Rührteig in eine Schüssel füllen und mit den Knethaken des Handmixers zu einem Teig verarbeiten. Auf dem gebutterten und mit Mehl bestäubten Backblech auslegen. Bei 200° C den Boden 10–12 Minuten vorbacken, ehe nach kurzem Abkühlen der Guss aufgetragen wird. Aus der geschmolzenen Butter und den restlichen Zutaten den Guss bereiten und auf dem vorgebackenen Boden verteilen. Nochmals 10 oder 12 Minuten backen, bis die Mandeln gebräunt sind.

Gut zu wissen!

Die Pfälzer backen ihre Mandelplatte nicht, wie man annehmen möchte, als Hefekuchen, sondern sie verwenden für den Boden einen Rührteig.

Tipp

Die Pfälzer lassen sich die Mandelplatte zum Kaffee schmecken, neigt der Nachmittag sich aber dem Ende zu, dann trinkt man gerne ein Glas Gewürztraminer dazu.

Pälzer Schneckenudle

Für eine Form von 28 cm Ø

Zutaten

500 g Mehl
gut 1/8 Liter Milch
1 Würfel Hefe (42 g) oder
1 Beutel Trockenhefe
125 g Butter
2 Eier
100 g Zucker
1 Prise Salz
abgeriebene Schale einer unbehandelten Zitrone

Für die Füllung
100 g Korinthen
100 g gemahlene Haselnüsse
50 g Butter
3 EL Zucker
1 TL Zimt
2 EL Sahne

Gut zu wissen!

Die „Pälzer Schneckenudle" sind nicht mit den herkömmlichen beim Bäcker angebotenen Schnecken zu vergleichen. Sie werden je nach Rezept mit unterschiedlichen Zutaten gefüllt.

Tipp

Für die Füllung kann auch Mohn oder Marzipanrohmasse genommen werden, und an Stelle der Korinthen können Rosinen verwendet werden.

Zubereitung

Das Mehl in eine Schüssel schütten, in die Mitte ein Grübchen drücken, die Hefe hineinbröckeln und mit einem Löffel Zucker bestreuen. Mit etwas lauwarmer Milch auflösen und mit einem Tuch bedeckt an einen warmen Platz stellen bis die Hefe als Hügel über das Mehl hinausquillt. Das kann je nach Temperatur 10–20 Minuten dauern. Inzwischen die Butter schmelzen, Milch zugießen und die Eier dazu quirlen. Diese lauwarme Mixtur, Zucker und die übrigen Zutaten in die Teigschüssel geben und mit dem Knethaken des Handmixers verarbeiten. Zunächst auf kleiner Stufe, sobald die Zutaten verbunden sind, auf höchster Stufe weiterarbeiten, bis der Teig nicht mehr klebt. Den Teig auf einem bemehlten Brett mit den Händen nochmal durchkneten, in die Schüssel zurückgeben und wiederum mit einem Tuch bedecken und aufgehen lassen bis er das doppelte Volumen erreicht hat. Nun auf einer mit Mehl bestäubten Unterlage zu einer 1 cm dicken Platte ausrollen.
Als Nächstes Zucker und Zimt vermischen und auf die Teigplatte streuen. Die Zutaten für die Füllung ebenfalls mischen und gleichmäßig auf der Teigplatte, die anschließend aufgerollt wird, verteilen. Die Teigrolle in 4 cm dicke Stücke schneiden. Diese mit ein wenig Abstand in eine mit Butter ausgestrichene runde Kuchenform setzen. Bei 180° C ca. 50 Minuten backen.

Gefillde Kranz

Für einen Kranz von etwa 28 cm Ø

Zutaten

Für den Hefeteig
375 g Mehl
25 g Hefe
60 g Zucker
7 EL warme Milch
1 Ei
150 g Butter
1 gute Prise Salz

Für die Füllung
200 g gemahlene Haselnüsse
1 EL Honig
6 EL Sahne
abgeriebene Schale einer unbehandelten Zitrone
60 g Zucker
1 Päckchen Vanillezucker
1 Eiweiß
50 g gehackte Mandeln
1 EL weiche Butter
50 g Rosinen
½ TL Zimt

Für den Guss
Puderzucker und gestiftelte Mandeln nach Geschmack

Zubereitung

Mehl in eine Schüssel geben, in die Mitte eine Vertiefung drücken. Dahinein die Hefe bröckeln, mit Zucker, lauwarmer Milch und etwas Mehl zu einem Vorteig verarbeiten. Den Teig bedeckt an einem warmen Ort 15–20 Minuten oder bis der Teig sich verdoppelt hat, gehen lassen. Die restliche Milch, Zucker, das verquirlte Ei, Butter und Salz in die Schüssel zum Vorteig geben – alle Zutaten müssen Zimmertemperatur haben. Mit einem Holzlöffel mischen und dann mit den Knethaken schlagen, bis der Teig Blasen wirft. Zum Schluss noch 5 Minuten auf einer Arbeitsfläche von Hand durchkneten. Mit einem Tuch bedeckt nochmals zu doppelter Größe aufgehen lassen. Je nach Jahreszeit und Temperatur kann dies 20 Minuten bis 1 Stunde dauern. Während dieser Zeit alle Zutaten für die Nussfüllung gut vermischen.
Nun den Hefeteig auf einer bemehlten Arbeitsfläche ½ cm dick zu einem Rechteck ausrollen. Dieses in der Mitte teilen und auf jede Hälfte gleichmäßig die Füllung streichen. Die beiden Teigstücke der Länge nach aufrollen, lose miteinander verschlingen und schließlich zu einem Kranz formen. Diesen auf einem gefetteten Backblech im vorgeheizten Backofen ca. 20 Minuten bei 200° C backen.
Mit Zuckerguss bestreichen und mit Mandelstiften bestreuen.

Tipp

Den Hefeteig stelle ich in den leicht erwärmten Backofen, denn mit diesem einfachen Trick ist, zumal zur kalten Jahreszeit, eine gleichmäßige Temperatur gewährleistet.

Gut zu wissen!

Die Pfälzer kennen einen einfachen Hefekranz, der zum Frühstück verzehrt wird und den sie gerne in den Kaffee tunken. Der gefüllte, weitaus üppigere „Gefillde Kranz" ist der Kaffeetafel vorbehalten. Und diese ist in der Pfalz besonders beliebt. Kaffeekränzchen gibt es nicht nur zum Geburtstag, sondern zu jedem nur erdenklichen Anlass, der sich anbietet.

Kaskuche

Für eine Springform mit 26 cm Ø

Zutaten

1 kg Magerquark
300 g Zucker
6 Eier
2 Päckchen Vanillepudding-
pulver

Zubereitung

Quark, Zucker, Eigelbe und Puddingpulver in einer Schüssel mit dem Handrührgerät gut vermischen. Aus dem Eiweiß einen sehr festen Schnee schlagen und unter die Eigelbmixtur heben. Das geht am besten mit einem Spachtel, indem man behutsam in mehreren Schüben eine Masse über die andere hebt. Dann wird die Käsecreme in die mit Butter ausgestrichene und mit Semmelbröseln ausgestreute Springform gefüllt und rund 1 Stunde bei etwa 180° C gebacken. Den Käsekuchen aus dem Backofen nehmen, aber erst nach 5–10 Minuten kopfüber aus der Form auf einen Kuchenrost stürzen.

Tipp

Streichen Sie die Form sehr sorgfältig aus. Wo kein Paniermehl haften bleibt, fehlt's an Butter, und die Torte bleibt später an der Form haften.

Rotwoikuche

Für eine Form von 22 cm Ø

Zutaten

250 g Mehl
250 g Butter
250 g Zucker
4 Eier (mittlerer Größe)
125 g bittere Schokolade
1 TL Zimt
2 TL Kakao
2 TL Vanillezucker
2 TL Backpulver
1/8 l Rotwein

Für die Glasur
Puderzucker und Rotwein nach Geschmack

Gut zu wissen!

Die Pfälzer lieben ihren Wein so sehr, dass sie gern Anlässe finden, ihn zu verkosten:
als Schoppen, zum Essen, als Marinade, in der Sauce, als Weinschaum und – überraschenderweise – sogar im Kuchen. Das Rezept ist traditionell, aber es trifft sich gut, dass die Kombination von Rotwein und Schokolade heute total in Mode ist. Allerorts bieten Winzer Verkostungen an, die speziell auf Pralinen und Rotwein abgestimmt sind. Die Konditorei Herzog in Bad Bergzabern stellt gar mit einer Weinzubereitung gefüllte Pralinen her, die ganz köstlich sind.

Zubereitung

Weiche Butter, Zucker, Eier, Mehl in einer Schüssel mit dem Handrührgerät auf kleiner Stufe verrühren und dann auf höchster Stufe weiterschlagen, bis ein schaumiger Teig daraus geworden ist. Wein, Zimt, Kakao, Vanillezucker und Backpulver sowie die geraspelte Schokolade dazugeben und alles sorgfältig untermischen. Eine Kuchenform mit Butter ausstreichen, mit ein wenig Mehl ausstäuben und den Teig einfüllen. Bei 180° C 50–60 Minuten backen. Den Kuchen kurz abkühlen lassen, dann auf ein Kuchengitter stürzen und mit einer Glasur aus Wein und Puderzucker üppig überziehen.

Kräppel

Für 16 Stück

Zutaten

500 g Mehl
125 g Butter
100 g Zucker
1 Würfel Hefe (42 g)
4 Eier
¼ l Milch
1 Prise Salz
Fett zum Ausbacken
Puderzucker

Gut zu wissen, ...

... dass für die Pfälzer Berliner Ballen, Fassnachtskiechl oder Kräppel heißen. Freilich können die Berliner fast das ganze Jahr über beim Bäcker gekauft werden. Zur Fassnacht aber backen viele Pfälzerinnen ihre Kiechle noch selbst. Zur Freude der ganzen Familie, versteht sich, denn so frisch aus dem Backtopf auf die Hand munden sie doch ganz besonders gut. Und so sagt man in der Pfalz halt auch: „Ohne Fassenachtskiechl is halt koi Fassenacht."

Tipp

Gut sieht's aus und lecker ist's auch, wenn der Ballen mit Rumzuckerguss bestrichen und mit einer halben kandierten Kirsche belegt wird.

Zubereitung

Das Mehl in eine Schüssel füllen und in die Mitte eine Vertiefung drücken. Die Hefe zerbröckeln, mit etwas Zucker bestreuen und mit der Hälfte der lauwarmen Milch und einem Teil des Mehles den Vorteig bereiten. Die Schüssel abdecken und den Vorteig an einem warmen Ort 15–20 Minuten (oder bis der Teig sich verdoppelt hat) gehen lassen. Nun Butter, die restliche Milch, Zucker, Eier und Salz in die Schüssel geben (alles muss Raumtemperatur haben), mit einem Holzlöffel verarbeiten und anschließend mit den Knethaken des Handrührgerätes schlagen, bis der Teig Blasen wirft. Zum Schluss noch auf einer gemehlten Arbeitsplatte 5 Minuten von Hand durchkneten. Besonders gut gelingt der Teig, wenn er dabei mehrmals hochgenommen und auf die Platte geworfen wird. Dann zugedeckt nochmals aufgehen lassen. Danach den Teigballen fingerdick ausrollen, mit einem Glas Kreise ausstechen, in deren Mitte einen Klecks Konfitüre setzen und mit einem zweiten Kreis bedecken. Sorgfältig die Ränder mit Eiweiß oder Wasser verkleben. In heißem Fett goldgelb ausbacken und noch heiß dick mit Puderzucker überstreuen.

Mandelwaffele

Für 6–8 Waffeln

Zutaten

250 g Mehl
75 g gemahlene Mandeln
125 g Butter
175 g Zucker
3 Eier
50 ml Milch
1 TL Zimt
1 EL Mandellikör
Puderzucker

Zubereitung

Butter und Zucker mit dem Handrührgerät schlagen, bis eine schaumige Masse entstanden ist. Eier, Milch, die Mandeln und den Zimt zugeben und behutsam unterrühren. Abschließend kommen noch Mehl und Likör dazu und alles wird zu einem feinen Teig verarbeitet. Ins gebutterte Waffeleisen eine Kelle Teig geben und backen, bis die Waffel goldgelb ist. Die Waffeln vor dem Servieren mit Puderzucker bestäuben.

Tipp

Servieren Sie zu den Waffeln frisch geschlagene Sahne, Schokoladensauce oder Vanillesauce, die nach Geschmack mit Mandellikör aromatisiert werden können.

Pälzer Gugelhupf

Für eine große Gugelhupfform

Zutaten

500 g Mehl
40 g Hefe
knapp 1/4 l Milch
100 g Zucker
250 g Butter
2 Eier
150 g grob gehackte Haselnüsse
1/2 TL Salz
5 EL Pfälzer Weinbrand

Für den Überzug
145 g Aprikosenkonfitüre
5 EL Morio-Muskat
145 g Puderzucker
3 EL Zitronensaft
50 g fein gehackte Haselnusskerne

Zubereitung

In das aufgehäufte Mehl eine Kuhle drücken, etwas lauwarme Milch hineinfüllen, die zerbröckelte Hefe einstreuen und 1 EL Zucker darübergeben. Die Mixtur vermischen und mit etwas Mehl bestäuben. Den Teig an einem warmen Ort gehen lassen, bis ein Hügel aus dem Mehlrand aufragt. Dann mit den Knethaken des Handmixers nach und nach die restlichen Zutaten unterkneten. Den Teig solange bearbeiten, bis er sich vom Schüsselrand löst und elastisch ist. Auf einer leicht mit Mehl bestreuten Arbeitsfläche von Hand nochmals durchkneten. Sticht man einen Finger in den Teig, so soll sich das Loch sogleich wieder zuziehen – dann hat der Teig die richtige Konsistenz. Nun nochmals zugedeckt an einem warmen Ort gehen lassen, bis sich das Volumen verdoppelt hat. Erst danach wandert das Teigstück in die sorgfältig ausgebutterte Gugelhupfform, um nochmals aufzugehen, bis es deutlich über den Rand der Form gewachsen ist. In der auf 175° C vorgeheizten Backröhre 50–60 Minuten backen. Nach leichtem Abkühlen behutsam auf ein Kuchengitter stürzen.
Zunächst die Konfitüre und den Wein vermischen, leicht erwärmen und über den Kuchen streichen. Nachdem dieser Guss ein wenig eingezogen ist, eine Mischung aus Puderzucker und Zitronensaft bereiten und damit den Gugelhupf bestreichen. Zum guten Schluss die Haselnüsse drüberstreuen.

Gut zu wissen!

Der Gugelhupf ist sowohl in der Pfalz als auch im Elsass eine sehr traditionelle Backware. Zieht man das „Grimmsche Wörterbuch" zu Rate, so erfährt man, dass sich das Wort aus zwei Bestandteilen zusammensetzt: „Gugel" ist eine Art Kapuze. Und was hat es mit dem „Hupf" auf sich? Grimm schreibt: „GUGELHUPF, auch gogelhopf, m., bezeichnung eines kuchens. nieder- und mitteldeutsch entsprechen topf-, napf-, asch- oder formkuchen. der zweite bestandteil dürfte zum verb hüpfen gehören und bezieht sich auf die infolge der hefe wie eine gugel hebende obere fläche des kuchens. das wort ist vornehmlich oberdeutsch und reicht nur wenig in mitteldeutsche gebiete hinein."

Tipp

Die gebutterte Gugelhupfform mit Mandelblättchen ausstreuen. Dann lässt sich der fertige Hupf sich leichter herausnehmen.

Süße Köstlichkeiten

Bei dieser Fülle herrlichster Früchte, die wie aus einem Füllhorn über der Pfalz ausgeleert werden, bleibt kein Wunsch unerfüllt. Ob Feigen, Kiwi, Zitronen, Maronen ... kaum eine Südfrucht, die sich im milden Pfälzer Klima nicht wohlfühlt. Dabei kommt den Feigen eine ganz besondere Bedeutung zu. Denn nirgendwo in Deutschland gedeiht eine so große Anzahl an Feigenbäumen wie an der Deutschen Weinstraße und in der Rheinebene. Die Feigen zählen zu den ältesten domestizierten Nutzpflanzen und wurden ursprünglich im Mittelmeerraum angebaut. Hier im milden Südpfälzer Klima lieben sie besonders geschützte Plätze. An einer warmen Mauer oder in einem Winzerhof kann womöglich zweimal im Jahr – im Juli und noch einmal im September – geerntet werden. Sehr vielfältig sind auch die Ideen, die Feigen zuzubereiten.

Die Trauben, die bekanntlich die römischen Truppen schon vor 2000 Jahren an den Rhein brachten, haben sich hier als ein Glücksfall erwiesen. Das Weinbaugebiet Südliche Weinstraße ist weithin bekannt. Die hier angebauten Trauben werden zu köstlichen Tropfen gekeltert. Und es gibt kaum eine Region, in der das Weinangebot so vielfältig ist: Rotwein, Weißwein und Rosé aus den verschiedensten Rebsorten findet man bei den Hunderten Winzern im Angebot. Aber nicht nur Wein wird aus den Trauben gemacht. Auch Weingelee ist allerorts beliebt. Pfälzer Weinbrand ist eine weitere Spezialität, die als eine der seltenen geografischen Ursprungsbezeichnungen weltweit geschützt ist. Doch auch der heimischen Früchte gibt es einige, die zu erwähnen sind: natürlich Äpfel und Birnen, Zwetschen, Mirabellen, Pfirsiche, Kirschen, Quitten, verschiedenes Beerenobst. Einiges davon, das auch oft auf Streuobstwiesen wächst, wird zu Säften und Konfitüren verarbeitet.

Kartäuser-Klöß

Für 4 Stück

Zutaten

5 Milchbrötchen (vom Vortag)
3 Eier
½ l Milch
75 g Zucker
1 TL Zimt
1 Päckchen Vanillezucker
200 g Semmelbrösel
Butterschmalz zum Ausbraten
½ TL Zimt

Für die Weinschaumsauce
½ l lieblicher Weißwein
¼ l Wasser
3 EL Zucker
1 EL Speisestärke
2 Eier
die abgeriebene Schale einer unbehandelten Zitrone oder
1 Prise Zimt

Gut zu wissen, ...

... dass Arme Ritter bei den Pfälzern auch gerne „Kartäuser-Klöß" genannt werden. Kommt man in die Südliche Weinstraße, dann sind's „Arme Ritter", aber schon wenig weiter westlich, in der Neustadter Region, isst man gerne „Kartäuser-Klöß", obwohl es in der Pfalz keine Kartause gab.

Zubereitung

Die Kruste der Brötchen ringsherum abreiben. Die Brötchen längs halbieren, Eier trennen. Milch, Eigelbe, 40 g Zucker, Vanillezucker verquirlen. Die Brötchenhälften 10–15 Minuten zum Einweichen in diese Mixtur legen, herausnehmen und etwas abtropfen lassen. Die Eiweiße leicht verquirlen. Die Brötchenhälften zuerst im Eiweiß, dann in einer Mischung aus Semmelbröseln, Zucker und Zimt wenden. Das Butterschmalz in einer großen hohen Pfanne erhitzen. Die Kartäuserklöße darin schwimmend 7–8 Minuten rundherum goldbraun ausbacken, aus dem Fett nehmen und auf Küchenpapier abtropfen lassen. Den restlichen Zucker mit dem Zimt mischen und die Klöße darin wälzen, solange sie noch warm sind.
Für die Sauce Wein, Wasser, Zucker und Zitronenschale erwärmen, die Speisestärke mit 3 EL der vorher abgeschöpften Flüssigkeit verrühren. Nun die Weinmixtur zum Kochen bringen, die Speisestärke einrühren. Das Mischung 1–2 Minuten kochen lassen und anschließend von der Feuerstelle ziehen. Die Eiweiße zu sehr steifem Schnee schlagen. Die Eigelbe verquirlen, zur Sauce mischen und 5 Minuten unter kräftigem Rühren erhitzen, nicht kochen. Die schaumige Sauce von der Kochstelle nehmen und den festen Eischnee locker unterheben.

Tipp

Nur mit Zucker und Zimt bestreut schmecken die Kartäuser Klöß auch sehr lecker.

Kerscheplotzer

Für 4 Personen

Zutaten

6 Milchbrötchen
500 ml Milch
100 g Butter
4 Eier
75 g Zucker
50 g gemahlene Mandeln
775 g Süßkirschen
1 Prise Salz
½ TL Zimt
1 Gläschen Kirschwasser nach Geschmack

Zubereitung

Die Brötchen in Würfel schneiden und mit der erwärmten Milch übergießen. Butter, Zucker Eigelbe und Gewürze mit dem Handquirl in einer Schüssel schaumig rühren. Die Mandeln untermischen. Aus den Eiweißen einen sehr steifen Schnee schlagen. Die milchgetränkten Brötchen mit einer Gabel durchrühren. Nicht völlig zerkleinert, aber sämig soll die Mixtur schon sein, die nun mit der Eigelbcreme vermischt wird. Das Kirschwasser dazugießen und die von den Stielen befreiten Kirschen untermischen. Zuletzt wird der Eischnee locker untergehoben. Eine Auflaufform mit Butter ausstreichen, mit Paniermehl ausstreuen und die Masse einfüllen. Im auf 180–200° C vorgeheizten Backofen 45–50 Minuten backen und warm servieren. Dazu schmecken Sahne oder Vanillesauce.

Gut zu wissen, ...

... dass Kerscheplotzer eine Spezialität ist, die in Pfälzer Bäckereien zum Standardangebot gehört. Für den Kerscheplotzer, der übrigens auch gerne „Spukkekuche" genannt wird (die Kirschen kommen mit den Steinen hinein), hat beinahe jede Pfälzer Hausfrau ihr eigenes Geheimrezept.

Tipp

Selbstverständlich können auch eingeweckte und/oder entkernte Kirschen verwendet werden, wenn man den Kerscheplotzer ein bisschen weniger authentisch essen möchte. Sie müssen aber sehr gründlich abtropfen, ehe sie unter den Teig gemischt werden.

Pälzer Rote Grütze

Für 4 Personen

Zutaten

750 g Zwetschen
400 ml halbtrockenen Rotwein
100 g Zucker
1 TL Zimt
½ Vanilleschote
2 EL Speisestärke
1 Becher frische Sahne
Zwetschgenwasser nach Geschmack

Zubereitung

Die Zwetschen unter fließendem Wasser abspülen, trocken tupfen und halbieren. Den Stein entfernen und die Früchte vierteln, sodass schmale Streifen entstehen. Den Rotwein mit 400 ml Wasser, dem Zimt und dem ausgeschabten Mark der Vanilleschote zum Kochen bringen und dahinein die Zwetschenviertel geben. Aufkochen lassen und 3–4 Minuten pochieren. Zum Andicken die Speisestärke in etwas Wasser auflösen, den Topf vom Feuer nehmen, die Stärke einrühren und aufkochen lassen. Zum Schluss noch mit dem Zwetschenwasser aromatisieren. Die Grütze kühl stellen, mit frischer, ganz wenig gesüßter, leicht angeschlagener Sahne servieren.

Feigen in Rotwoi

Für 4 Personen

Zutaten

12 schöne reife Feigen
½ Flasche Rotwein
125 g Zucker
1 Stück frische Ingwerwurzel
2 Gewürznelken

Zubereitung

Zunächst die Feigen waschen, mit Küchenkrepp behutsam trocken tupfen und vierteln. In einem kleinen Topf den Rotwein mit dem Zucker unter fleißigem Rühren langsam erwärmen. Sobald der Zucker sich völlig aufgelöst hat, die Flüssigkeit zum Kochen bringen, Gewürze und die Feigen einlegen und 5 Minuten pochieren (die Flüssigkeit darf nicht kochen). Anschließend die Früchte mit einem Schaumlöffel aus der Flüssigkeit schöpfen, die Rotwein-Zuckermixtur zu einem leichten Sirup reduzieren, die Feigen wieder einlegen und bedeckt einige Stunden im Sirup ziehen lassen.

Gut zu wissen!

Um das milde Klima der Südlichen Weinstraße möglichst häufig genießen zu können, ließ sich König Ludwig von Bayern eigens ein Schloss erbauen, die „Villa Ludwigshöhe", über Edenkoben gelegen und mit Panoramablick über die Weinberge. In dieser von der Sonne verwöhnten Region gedeihen nicht nur vorzügliche Weine, sondern ebenfalls mediterrane Gehölze wie der Feigenbaum. Im Spätsommer können die köstlichen grünen oder blau leuchtenden Früchte gepflückt werden. Einfach nur zum Käse sind sie ganz vorzüglich, aber in Rotwein pochiert passen sie zu Schmorbraten und Wildbret. Und natürlich auch zu vielerlei Süßspeisen.

Grüne Nüsse

Für 3 Gläser à 300 g

Zutaten

500 g grüne Nüsse
500 g Zucker
Pfälzer Weinbrand nach Geschmack

Zubereitung

In einer großen Schale, sodass die Nüsse in reichlich Wasser schwimmen, durchsticht man jede Nuss mehrmals mit einer dicken Nadel. Wohlbemerkt, das Einstechen findet unter Wasser statt!
Neun Tage sollen die Nüsse im Wasser liegen bleiben, das jedoch täglich ein- oder noch besser zweimal erneuert wird.
Danach übergießt man die Nüsse mit kochendem Wasser, das auch sofort wieder über einem Sieb abgetropft wird. Den Zucker und 1/4 l Wasser langsam unter Rühren erhitzen, bis der Zucker sich aufgelöst hat. Die Temperatur hochstellen und kochen bis ein klarer Sirup, der Fäden zieht, entstanden ist. Dazu kommen die Nüsse, die nun solange gekocht werden wollen, bis sie schwarz und weich sind. Die fertigen Nüsse in ein Glas schöpfen und mit dem dicken Sirup übergießen. Eventuell vorher etwas Weinbrand unterrühren. Die Gläser erst nach dem Erkalten verschließen.

Gut zu wissen, ...

...dass grüne Nüsse schwarz sind. Die Bezeichnung rührt daher, dass die Walnüsse für dieses Rezept grün geerntet werden – Ende Juni/Anfang Juli ist die grüne Haut, die später zur Schale wird, noch weich.

Tipp

Diese süße Köstlichkeit darf nicht sofort verputzt werden. Die Nüsse benötigen einige Zeit, bis sie ihr volles Aroma entwickelt haben, und schmecken erst nach zwei Jahren richtig gut.

Pälzer Cognacquitte

Für 6 Gläser à 500 ml

Zutaten

2 kg Quitten
500 g Zucker
500 g heller Honig
1/4 Tasse milden Weinessig
1/2 l Wasser
1/8 l Pfälzer Weinbrand

Zubereitung

Die Quitten schälen. Nachdem eventuelle harte Stellen herausgeschnitten sind, die Früchte in dünne Scheiben schneiden. Wasser, Zucker, Honig und Essig in einem Topf aufkochen lassen und die Quittenscheiben hineingeben. Nach einem kurzen Aufkochen auf kleinster Flamme 20–30 Minuten ziehen lassen. Sobald die Früchte glasig sind, nimmt man sie aus dem Sud und schichtet sie in Gläser. Den Saft nun einkochen, bis ein Sirup daraus geworden ist, dem, wenn er abgekühlt ist, der Weinbrand beigemischt wird. Die Mischung über die Früchte gießen und die Gläser mit Cellophan verschließen.

Tipp

Die Pfälzer Quitten schmecken zu allen Braten sehr lecker.

Pälzer Latwerg

Für 2 Steintöpfe à 600 ml

Zutaten

2 kg vollreife Zwetschen
250 g Zucker
1 EL Anissamen
1–2 Zimtstangen

Zubereitung

Die Zwetschen entkernen und zerkleinern. Den Topfboden mit Öl dünn ausstreichen und die Zwetschen, Fruchtfleisch nach unten, im Topf schichten. Zwischen jede Lage etwas Zucker streuen, mit den Anissamen und den Zimtstangen auf den Herd setzen und einmal aufkochen lassen. Anschließend bei geringer Temperatur 5–6 Stunden simmern lassen. Gegen Ende der Kochzeit den Brei durchrühren. Der Latwerg ist fertig, wenn er so zäh und fest ist, dass ein Löffel darin stehen bleibt.

Gut zu wissen!

Früher fanden sich die Dorffrauen zusammen, um ihr „Latwerge" gemeinsam in riesigen Töpfen einzukochen. In der Regel wurden kupferne Kessel verwendet. Die Zwetschenladwerge kennt man in Österreich als „Powidl". Die Pfälzer haben ihrem Sprachverständnis folgend aus „Latwerge" „Latwerg" gemacht. Und obzwar das stundenlange Kochen sicher nicht besonders vitaminerhaltend ist, Latwerg ist hier sehr beliebt und wird von vielen Pfälzerinnen nach wie vor nach alter Tradition zubereitet.

Tipp

Früher füllten die Pfälzerinnen ihr Latwerg in große Steintöpfe. Sterilisierte Gläser mit Drehverschluss sind heute genau richtig.

Gut zu wissen!

Wer Goethes „Faust“ kennt, wird sich vielleicht des folgenden Zitates aus Teil 1 erinnern:

Hier war die Arzenei, die Patienten starben,
Und niemand fragte: wer genas?
So haben wir mit höllischen Latwergen
In diesen Tälern, diesen Bergen
Weit schlimmer als die Pest getobt.
Ich habe selbst den Gift an Tausende gegeben:
Sie welkten hin, ich muss erleben,
Dass man die frechen Mörder lobt.

Hier spricht Faust darüber, wie er zusammen mit seinem Vater in „schwarzer Küche“ und „nach unendlichen Rezepten“ das „Widrige zusammengoss“. Die beiden wirkten als Ärzte, die mit zweifelhaften und oft tödlichen Mixturen ihre Patienten zu heilen suchten. Das Wort „Latwerge“ ist vom lateinischen electuarium abgeleitet, was eine breiige Medizin bezeichnet. Die einfachen Leute, die vom Arzt mit einem electuarium behandelt wurden, verstanden den Fachbegriff nicht und sprachen ihn als „Latwerge“ aus. Das Wort begann dann später jede Art von essbarem Brei zu bedeuten. Hoffen wir, dass Ihnen der Verzehr besser bekommen möge als den armen Patienten des Dr. Faust!
Früher fanden sich die Dorffrauen zusammen, um ihr „Latwerge“ gemeinsam in riesigen Töpfen einzukochen. In der Regel wurden kupferne Kessel verwendet. Die Zwetschenladwerge kennt man in Österreich als „Powidl“. Die Pfälzer haben ihrem Sprachverständnis folgend aus „Latwerge“ „Latwerg“ gemacht. Und obzwar das stundenlange Kochen sicher nicht besonders vitaminerhaltend ist, Latwerg ist hier sehr beliebt und wird von vielen Pfälzerinnen nach wie vor nach alter Tradition zubereitet.

Pflaumenkonfitüre mit Walnüssen

Für 4–5 Gläser

Zutaten

1 kg entsteinte Pflaumen oder Zwetschen
knapp 1 kg Gelierzucker
Saft 1 Zitrone
1 Tasse gehackte Walnüsse
1 Löffelspitze gemahlenen Zimt

Zubereitung

Die Pflaumen waschen, trocken tupfen, entkernen und zerschneiden. Gründlich mit dem Zucker vermischen und zwei Stunden durchziehen lassen. Dann Zitronensaft und Zimt zugeben und alles gut mischen. Den Topf mit der Mischung aufs Feuer setzen, langsam zum Kochen bringen und 4 Minuten unter fleißigem Rühren sprudelnd kochen. Nachdem die Gelierprobe ergeben hat, dass die richtige Konsistenz erreicht ist, die grob gehackten Walnüsse einrühren. Danach nochmals kurz aufkochen lassen. Die Konfitüre heiß in die bereitstehenden, sterilisierten Gläser füllen und sofort verschließen.

Tipp

Nicht zu großzügig mit dem Zimt umgehen. Man soll ihn nicht schmecken, sondern nur ahnen.

REGISTER